中国古代绘画

修订版

徐改 著

中国文化史知识丛书

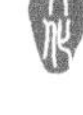

商务印书馆国际有限公司

中国·北京

图书在版编目（CIP）数据

中国古代绘画/徐改著. —— 修订版. —— 北京：商
务印书馆国际有限公司, 2024.4
（中国文化史知识丛书）
ISBN 978-7-5176-1066-3

Ⅰ. ①中… Ⅱ. ①徐… Ⅲ. ①绘画史—中国—古代
Ⅳ. ①J209.22

中国国家版本馆CIP数据核字(2024)第053955号

ZHONGGUO GUDAI HUIHUA

中国古代绘画（修订版）

著　　者　徐　改
出版发行　商务印书馆国际有限公司
地　　址　北京市朝阳区吉庆里14号楼
　　　　　佳汇国际中心A座12层
邮　　编　100020
电　　话　010-65592876（编校部）
　　　　　010-65598498（市场营销部）
网　　址　www.cpi1993.com

开　　本　787mm×1092mm　1/32
字　　数　115千字
印　　张　6.5
版　　次　2024年4月第1版第1次印刷
书　　号　ISBN 978-7-5176-1066-3
定　　价　28.00元

目　录

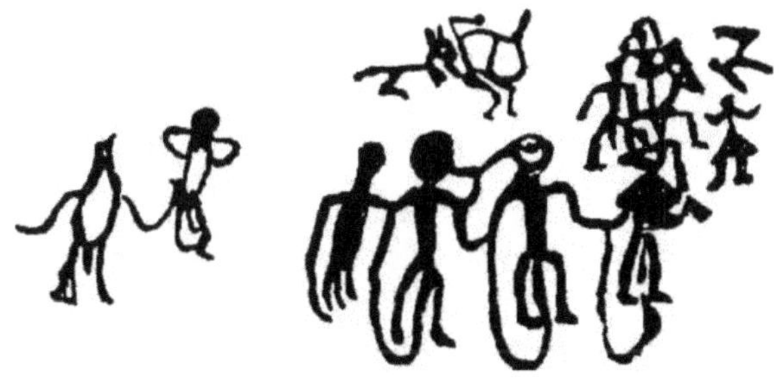

第一章

原始绘画

中国绘画的起源，最早可追溯到遥远的史前时代。原始人在长期的劳动实践中，不仅创造了能使自己生存、繁衍的物质条件，也造就了灵巧的双手和思维想象能力。考古学的成果表明，大约在一万年以前，生活在黄河流域、长江流域以至黑龙江、珠江流域的原始人都留下了他们创造的艺术品：在高大的岩壁和坚硬的兽骨上刻出的各种花纹，在陶器上描绘的各种纹样，在居室的地面和墙壁上画出的人物和动物的形状，等等。这些都是我国最早的绘画艺术作品。

对他们为何要画这些图画，学术界有不同解释。有的认为是某种巫术活动，有的认为是劳动之余的游戏，还有的认为是表达感情的方式，也有的认为是记录季节变换的符号……不管持哪种见解，有一点可以肯定，这些图画记录了与原始社会生活有密切关系的事物，表达了与他们生存有关的观念。现在，人们欣赏这些原始绘画，不仅会被它们那粗犷、古朴、天真、稚拙的形象所吸引，也会借助于它们去认识那个时代，或唤起对那个时代的遐想。

第一节

古朴的岩画

近年来，在我国境内发现了大量岩画遗存。如内蒙古阴山岩画、江苏连云港将军崖岩画、广西花山岩画、云南沧源岩画、青海刚察县岩画，还有福建、新疆、宁夏等地的岩画。据考古学家鉴定，这些岩画许多是新石器时代人们的创造。[1]其中数量最多、分布最广、延续时间最长的首推内蒙古狼山地区的岩画。最早的距今约有一万年左右。

狼山位于内蒙古阴山山脉西段，山里峰高谷深，山外平川万顷，是古代游牧民族生息繁衍的地方。在绵延300公里的崖壁上凿刻着成千上万幅岩画。这些岩画多是用硬石或石质工具敲凿或磨刻而成，轮廓沟深至3厘米，表现内容多与原始部族的狩猎生活有关。例如，在磴（dèng）

---

[1]　有些作品的创作年代尚有争议。

口县与阿拉善左旗交界的托林沟发现的《狩猎图》，高60厘米，宽70厘米。图上有一猎人正拉弓准备射击，他的周围还有鹿、羊、虎等动物。图下方是一头山羊和一只虎样的野兽，山羊那三角形的头和弯弯的大角刻画得十分生动。它的腹下还有一只正在吃奶的小羊，抬着前腿，伸着脖子，很有情趣。

再如，托林沟中段石壁上的《舞蹈图》，高73厘米，宽61厘米。画中间，四人牵手而舞，周围还有许多人和动物。起舞者都伸着双臂，系着长长的尾饰，踏着同一节拍，气氛欢快而热烈。

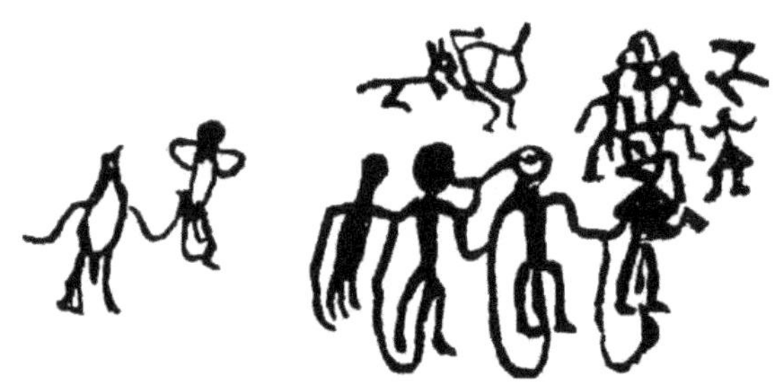

图 1 《舞蹈图》

当时，人们在坚硬的石壁上雕凿图画，目的不可能仅仅是为了欣赏，还有可能是记事或拜神。据有关学者考察，凿刻岩画的地点与石质都是经过认真挑选的，其题材与选择位置也有密切关系。"如类人像及神灵图像，大多刻在深邃的山谷里；舞蹈图像多半刻在沟畔的立壁上；动物图像则多刻在山顶或接近山顶的岩石上。也许，这都与当时人们的生活情况有关系，山谷深邃适于祭祀；沟畔空旷，便于舞蹈；山顶峰巅则是野生动物出没之处。因地联想凿刻成画。"①这些情况，有助于我们对岩画内容的思考与理解。

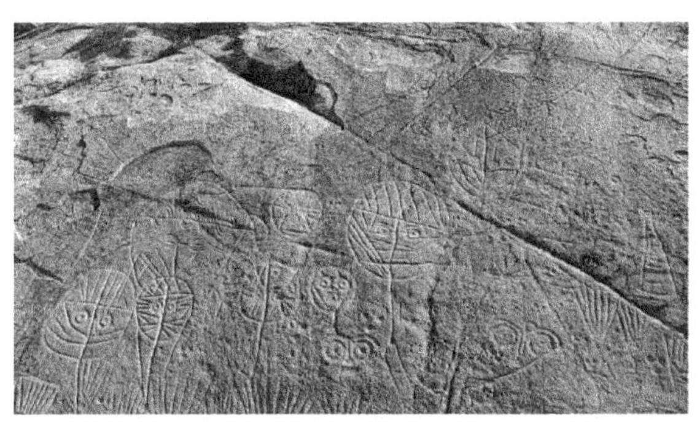

图2　将军崖岩画

在江苏连云港将军崖南口弧形巨石上的一组岩画，则表现着原始人与植物的依存观念。全画由10个大小不同的人面植物组成，大的高90厘米，小的高18厘米，它们高低错落，又像是生长在土地里的植物果实。连云港地处东南海岸，古为东夷少昊氏族生活的地区，史书上说这里

----

① 　盖山林：《内蒙阴山山脉狼山地区岩画》，《文物》1980年第6期。

"土广而瘠薄，田野不辟，米粟不丰"，远古先民之所以在岩石上凿刻这些似人又似植物的图形，大约是对掌管谷物生长之神的祭祀吧！因为原始人相信，动物、植物、河流、山川都像人一样是有生命的，画出的这些拟人化的形象，具有一种神秘的力量，可以影响自然的进程。所以，为了生存，他们在工具极其简陋的条件下，仍然不懈地凿刻岩石，希望通过这样的行为获得谷物的丰收。

从艺术上看，这些岩画古朴、稚拙、粗犷，很像儿童笔下的形象，既刻画其所见，又直抒其所想，颇具自然天真之美。

第二节
多彩的陶绘

　　如果说岩画的创造者在作画时，还处于漫无边际的、无设计意识的状态，那么，在有形制品陶器上的描画，创作者则追求构图完整的设计了。因之，陶绘便更具艺术特质。

　　在世界原始文化史上，我国的陶器占有重要地位。那些陶器上的绘画、纹饰多姿多彩，有千变万化的几何纹样，活泼奔放的飞鸟、野鹿，奇异神秘的人面鱼，生动优美的舞蹈人，等等。

　　《人面鱼纹盆》出土于陕西省西安半坡遗址，距今约六七千年。全盆为赭（zhě）色，盆的内壁画着人面和鱼。人面为圆形，头上有发髻和冠，两耳左右各画一条小鱼。在两个人面之间，有两条着笔简练、线条生动的游鱼相隔，形成均衡又有运动感的画面。对于其中的人面形象，学术界有不同解释，有的认为是图腾的标记；有的认为是文身的写照；也有的推断是远古神话传说中的神人形象。

不管哪种意见都肯定了这些创造与他们的渔猎生活相关联。人和鱼联结在一起，大约表示祈求多捕鱼的愿望。

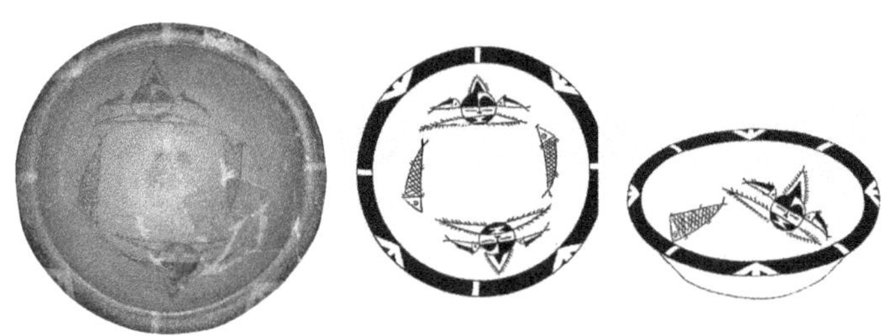

图 3　人面鱼纹盆

《鹳（guàn）鱼石斧图》绘制在河南临汝县（今汝州市）阎村出土的一个陶缸上。画面高37厘米，宽44厘米，是目前发现的最大的原始陶绘作品，距今约五千年左右。画面左边是一侧立的白鹳，长嘴、高足、短尾，通身白色，无勾勒线。鹳长长的尖嘴上衔着一条鱼，用粗重而工整的黑线勾出鱼的轮廓，鳍和尾部画成重色，鱼身填以白色。鱼垂直着将要僵硬的身体，鹳却圆睁着眼睛，身体和颈稍稍后仰，似乎是在用力。画面右边是带柄的石斧，用粗重的黑线勾出，中间涂白色，显得稳重有力，并与鹳微微后仰的动势形成一动一静的对比。据一位考古学家分析，此图画在作为葬具的陶缸（也称瓮棺）上，可能具有纪念死者的象征意义。这个瓮棺大而特殊，死者可能是一位部落联盟的酋长。以此推断，画中的石斧，当是一种权力的象征。白鹳和鱼可能是氏族的图腾形象。据《山海经》记载，远古中原地区，确有以鹳鸟为图腾的氏族。这件作品虽然是陶缸上的彩绘，但它有一个完整的构思，表达了复杂的感情和观念，它的出土，为研究我国传统绘画的源流和发展提供了极为珍贵的史料。

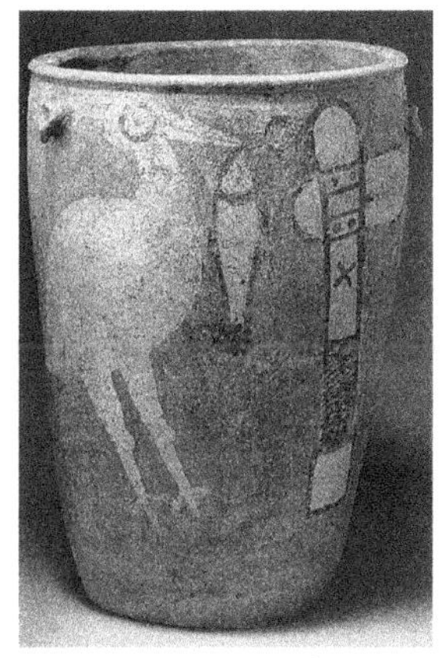

图 4　鹳鱼石斧图

《舞蹈纹盆》出土于青海大通县上孙家寨，距今约五千年左右。在盆内壁口沿画有三组舞蹈人，各组均为五人，手拉手，头向一边侧着，两腿稍微叉开，头上有发辫，身上有尾饰。由发辫和尾饰的运动方向，明显看出这些人正在有节奏地舞蹈着。有的研究者认为，这是原始乐舞

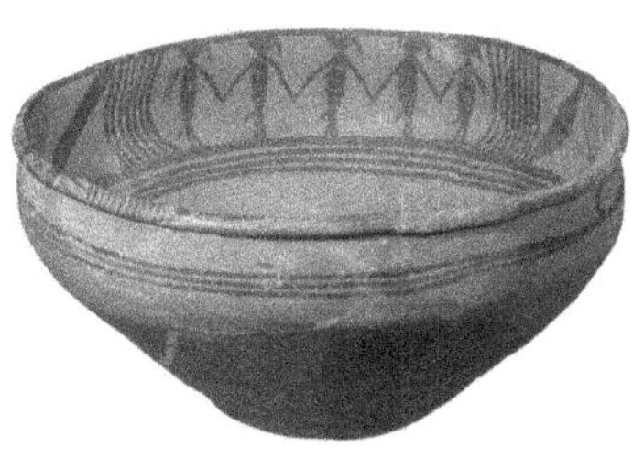

图 5　舞蹈纹盆

的欢乐场面，也有的认为这舞蹈是与某种巫术礼仪活动相关。但不论怎样说，它使我们第一次看到了人类自己所画的原始舞蹈场面。无论从题材意义上，还是从装饰意义上，对于研究原始舞蹈和绘画，都具有不可忽视的价值。

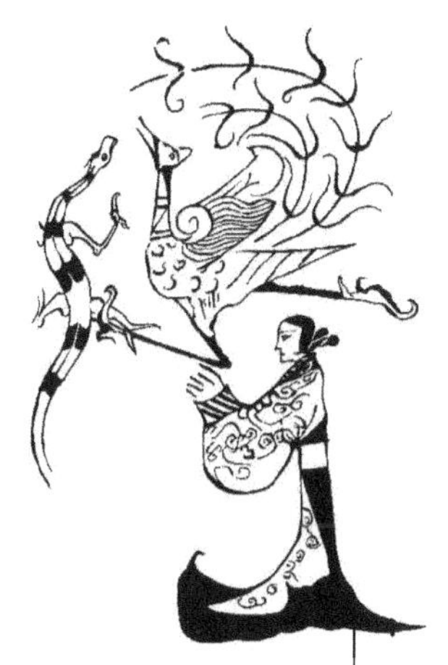

先秦绘画
（前21世纪—前221年）

中国历史上将有文献记载的夏、商、周、春秋战国时代统称为先秦。在这2000多年的漫长岁月中，中国的社会结构经历了从氏族部落到奴隶制国家，再到统一集权的封建国家的演变。征战与杀戮和权力与财富的聚集并进；奴隶主、贵族的奢侈生活和奴隶与工匠艺人的辛勤创造共存，是这个时代的重要特征。

从20世纪20年代起，随着考古工作的不断深入，大量商周遗物被发掘，其中以青铜器物为最。在数量、制造工艺及造型纹饰诸方面，足以使世界震惊。所以史学界常将这个历史时期称为青铜时代。这似乎造成一个错觉：绘画艺术处于低谷。其实不然。我们从文献记载和实物考古中可以得出这样的结论：青铜时代的绘画载体已从坚硬的岩石、牢固的陶器转变为木头、丝织物或墙壁了。其功能也从单纯装饰器物逐渐向着状物、记事发展。因此许多学者认为，在中国，真正意义上的绘画形成于这个历史时期。遗憾的是，这些描绘在木头上的彩画、纤维织物上的帛画，以及宫室墙面上的壁画，由于年代的久远，大多腐烂、消失了。不过我们仍然能从史籍和墓葬品中窥见先秦绘画之风貌。

第一节
记载中的绘画

据魏人王肃撰写的《孔子家语·观周》记载，生活在春秋末年的孔丘，曾去瞻仰周朝的"明堂"（招待功臣、使节、选拔职官及举行祭祀大典的礼堂），看到四周的墙壁上，"有尧舜之容，桀纣之像，而各有善恶之状、兴废之戒焉"，"独周公有勋劳于天下，乃绘于明堂"。郭沫若也在《矢殷（guǐ）铭考释》中认为西周初年就有"武王、成王伐商图及巡省东国图"壁画。

在泥灰建筑的墙面上描绘形象，始于新石器时代[①]，不过那时的描绘均与彩陶有关联。它们的意义在于新载体的发现和制作——先在墙面上抹上一层草土混合泥，然后再涂一层砂浆，最后抹上白灰，这种方法一直被后代人所采用。从上面的记载可知，庙堂壁画发展到西周时期已有

---

① 现已发现甘肃秦安大地湾和宁夏固原两处新石器时代壁画。

相当大的规模，甚至能描绘出人物的"善恶之状"。

壁画发展到春秋战国时期更为兴盛。据东汉王逸《楚辞章句·天问》序文云："楚有先王之庙及公卿祠堂，图画天地山川神灵，琦玮僪佹（yù guǐ），及古贤圣怪物行事。"又说诗人屈原"周流罢倦休息其下。仰见图画，因书其壁"——面对千奇百怪的图画，呵而问之，遂成《天问》之名篇大作。可以想见当时庙堂壁画中的形象是何等丰富多彩。又据流传甚广的"叶公好龙"的故事所说，楚国贵族叶公喜欢龙，"室屋雕文，尽以写龙"，可知，在当时不仅大型的官殿祠堂绘有壁画，而且贵族府第也雕梁画壁。可见绘画在当时的社会生活中已是较为普遍的现象。

那么，这些画的制作过程及创造者的情形又是怎样呢？东周人作《周礼·考工记序》载："设色之工：画、缋（huì）、钟、筐、幎（máng）。"意思是说，作画的过程从起稿到着色，至少有五个步骤，每个步骤都由持不同技术的人去完成。看来那时的绘画，尤其是壁画，大多数是集体创作的。但从"敬君画妻""解衣盘礴"两则故事中我们却可推知战国时期已有了某些具有独立创造精神的个体画家。

敬君画妻的故事出于唐代张彦远的《历代名画记》。说战国时的齐国，国大势强。齐王筑九重高台，召国中善画者绘制规模宏大的壁画。其中有一叫敬君的画家，由于很长时间不能回家，十分想念自己的妻子，就默画了一张妻子的画像，挂在身边随时观看，以解思念之苦。后来齐王看到了这幅画像，知敬君妻貌美，便硬塞给敬君百万钱，霸占了他的妻子。

"解衣盘礴"之典出于战国庄周的《庄子·外篇·田子方》。说战国时的宋元君，召集宫中画家作画，众画家都按时到来，向元君施礼后便恭恭敬敬地站在一旁，研墨、理纸，准备作画。这时，有一画家姗姗来迟，不慌不忙地走到宋元君跟前，行了一个礼，转身走到别的房间去了。元君十分奇怪，便派人去看个究竟。原来这个画家正脱光衣服，赤膊裸背，旁若无人地作画。元君感慨地说："可矣，是真画者矣！"虽然庄子的本意是借这个故事讲"任自然"、"返质朴"的道理，但从中也可看出当时的某些画家已经在追求精神上的独立和自由了，而且还得到人们的赏识，被称为是真正的画家。

第二节
精妙的漆绘与最早的帛画

在战国《韩非子·外储说》中有一段关于画筴（jiā）①的记载："客有为周君画筴者，三年而成。君观之与髹（xiū）筴者同状。周君大怒。画筴者曰：'筑十版之墙，凿八尺之牖，而以日始出之时，加之其上而观。'周君为之，望见其状，尽成龙蛇禽兽车马万物之状，备俱。周君大悦。"用三年才画成的筴，在特别集中的光照下，显示出龙蛇走兽的生动状貌，可谓精妙之极，简直使人难以置信。幸运的是，我们从不断出土的东周文物中，可印证故事中的描写并非虚妄。

在湖北随州曾侯乙墓出土的一件鸭形漆器的两侧，各有一块长方形空白，上面画着微型图画。它被覆盖器物的

---

① 筴是古代占卜用的器具。有学者认为，筴可能与篚通用。从其说，这里所指乃是一种漆器。

稠密图案纹饰所围绕，俨然像是两个"窗口"。一个描绘跳舞的场面，另一个是奏乐的场面，其中的乐师被描绘成稀奇古怪的动物形象。

另有湖北荆门包山二号墓出土的彩绘漆盒，在盒盖上画着一群人物。由五棵树将展开后长87.4厘米、高5.2厘米的画面空间分成五部分，像是在表现一个连续的故事。在空间概念和时间表述上，它可视为后来卷轴画的雏形。

漆器彩绘是用漆树的树脂，调制成各种颜色后涂于木或竹胎上的一种工艺。据考古发掘可知，早在公元前16世纪的商朝，智慧的华夏民族便发现并开始使用漆和漆器。在河南安阳商代皇家墓葬中就曾发现过大型漆器残片和漆绘图形。从曾侯乙墓鸭形漆盒和荆门包山墓彩绘漆盒可知，漆绘发展到战国时，已具有相当高的水准。重要的代表作品还有河南信阳出土的《木雕彩绘铜锣鼓架》等。它们大多在黑底上绘红色花纹，或在红色底子上绘黑色花纹。涡形云纹与飞翔的龙、凤、虎形纹互为变化，既有工艺品的精致、细丽，又有平面空间的绘画特质。这种风格一直延续到汉代。

如果说漆绘仍附丽于实用器物上，还不能算完全独立的绘画，那么在湖南长沙发现的公元前3世纪的两幅帛画，可谓中国绘画史上迄今发现的最古老的绘画作品了。

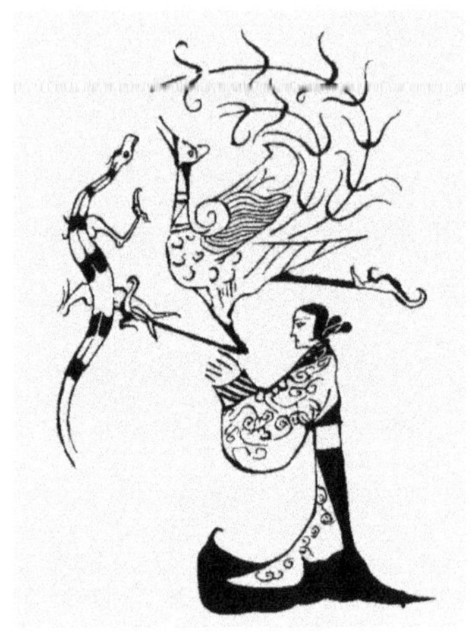

图 6 人物龙凤图

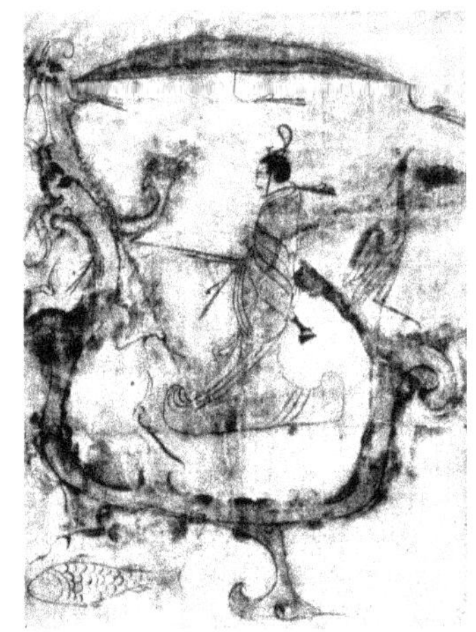

图 7 人物御龙图

其中的人物龙凤帛画，高31厘米，宽22厘米，1949年出土于长沙陈家大山的一座楚墓。图中描绘一侧身女子，双手合于胸前做祈祷状，长裙细腰，面容姣好；左上方画有传说中的龙和凤。人物御龙帛画，高37.5厘米，宽28厘米，1973年出土于长沙子弹库楚墓。画中描绘一驾龙男子，头戴高冠，腰佩长剑，手执缰绳，侧身立于龙背；那条巨龙首尾翘起，呈船形，龙尾上站着一只鹭鸟；人物头上方是舆盖。左下方还画有一条鲤鱼。画中人物衣带和龙头上的缰绳以及舆盖上的飘带都摆向右方，在视觉上产生驾龙欲飞的动势。

这两件作品的内容和手法很相似，它们出土时平放在棺材旁，上端缝裹竹篾并有丝绳系之。其用途当是葬仪中的旌幡。联系崇信巫术的楚国习俗，学者们认为图中所画人物大约是墓主或"巫祝"形象，可能是祈求天佑或引魂升天的意思。画法大体用墨线勾描、平涂设色之法，人物比例、形态、服饰的描绘都比较准确；龙凤等动物形象尤为生动；线条流畅，人物头、面部和衣饰敷彩痕迹还依稀可见。由此，我们可以得出如下结论：早在两三千年以前的战国时期，就有了在平面材质上创造形象、表述某种意念的独立绘画作品。以墨线造型，追求线的表现力的中国绘画的基本特色已初步形成。

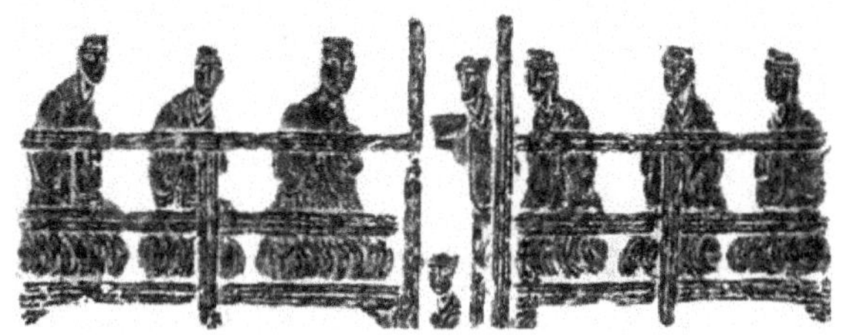

第三章

秦汉绘画

（前221—220年）

战国末年，七雄争霸，位于关陕地区的秦国，先后灭掉其他六国。秦王嬴政于公元前221年在咸阳称帝，建立了中国历史上第一个中央集权制的封建王朝；继而进行一系列的改革，推行郡县制，统一文字、度量衡，修驰道，筑长城，显示出强大的综合国力。在建筑、雕刻、绘画领域也取得了极其辉煌的成就。如"覆压三百余里""五步一楼，十步一阁"的阿房宫；规模空前的秦皇冥宫卫队雕塑群；气势煊赫的秦宫壁画，都是令世人惊叹的杰作。只是那些宏丽的宫殿早已被楚人项羽的一把火，烧为焦土，我们只能从绘有图画的残垣、残片上遥想当年壁画之壮观。

公元前206年，秦朝灭亡。经过激烈的楚汉战争，汉王刘邦统一了全国，继承秦制，在长安称帝，建立中央集权制的汉王朝。汉代是个强大的封建帝国。在社会的政治、经济、文化等各方面都呈现出上升的趋势，到处都充满勃勃生机。据记载，汉代的绘画艺术已经十分发达，既有规模宏大的壁画，又有传神写照的肖像画；既有表彰功勋、劝诫贤愚的历史画，又有充满幻想色彩的神怪画，题材多样，种类不一。

《汉书·苏武传》中记载，汉宣帝于甘露三年（前51年）在麒麟阁画功臣像，用以表彰抗击匈奴的有功之臣。《后汉书》也曾记载汉明帝刘庄（58年—75年在位）为了纪念和追思前世功臣，在南宫云台画32个功臣像，号召世人向他们学习。各地的衙署、学馆、别宫和庙宇神殿也都有大小不一的壁画。东汉王延寿在《鲁灵光殿赋》中就有这样一段描述：

图画天地，品类群生。杂物奇怪，山神海灵。写载其状，托之丹青……上帝开辟，遂古之初。五龙比翼，人皇九头。伏羲麟身，女娲蛇躯。鸿荒朴略，厥状睢盱。焕炳可观，黄帝唐虞。轩冕以庸，衣裳有殊。上及三后，淫妃乱主。忠臣孝子，烈士贞女。贤愚成败，靡不载述。恶以戒世，善以示后。

他描述的只是鲁地一个灵光殿上的壁画，竟包含如此丰富的内容，表现出如此丰富的想象力，那些皇宫大殿上的壁画内容，就可想而知了。

《汉书·高祖本纪》中记载了这样一个故事，说是汉高祖七年（前200年），刘邦讨伐韩王信，韩信战败逃到北方，联合匈奴共同抗刘。刘邦军到平城（今山西大同），被匈奴军队围困不能突出。陈平想出了一个办法，让画家画了一幅漂亮的美人图，派人送给阏氏，并说："汉朝有这样一个美女，现皇帝被困处境危险，打算把她献给单于（匈奴王的称谓）。"阏氏看画上的美女非常漂亮，生怕再围下去，刘邦献出美女，夺去匈奴王对自己的宠爱，不如先主动撤围。于是去找单于说："汉朝皇帝有神灵保护，即使得到他们的土地，终归也不能占有。"单于听信了她的话，把围兵撤开一角，刘邦才突围出来。

仕梁人吴均著的《西京杂记》中还有一段记载，说是汉元帝（前48年—前33年在位）时后宫有许多妃嫔，不能一一见面。元帝便令画工分别为她们画像，然后再按画像上的模样召见。许多妃嫔以金钱贿赂画工，希望能把自己画得漂亮些，好得到皇帝的恩宠。只有王昭君不肯行贿，画工就故意将她画得不美，元帝一次也没有召见过她。后来匈奴人入朝求亲，元帝按画像选定"不美"的王昭君去做匈奴人的阏氏。出行前，元帝召见，见她貌美为宫中之最，且举止娴雅，善于应对，非常后悔。但名分既定，已无法更改。事后，元帝追查画像之原委，盛怒之下，把所有的画工都杀了。其中有毛延寿、陈敞、刘白、龚宽、阳望、樊育等。他们之中有的善画牛马或飞鸟，有的长于着色，但画人物肖像都不及毛延寿，他们同时被处死，致使京师画坛萧条、冷落。

这段记载后来经过剧作家的艺术加工，创造出了许多具体情节，可另当别论。昭君是否因画像远嫁匈奴，给昭君画像的画工究竟是不是毛延寿，史学界仍有争议①。

以上两则记载，起码说明汉代已有专门的肖像画，而且能画得比较像。

汉代宫廷中设置管理画工的"少府"。下属有"黄门署长""画工署长""玉堂署长"。这些署长一般由宦官担任。可见汉宫中不仅画工人数众多，而且还有分工。据唐张彦远的《历代名画记》载，汉明帝喜爱图画，让一些画家在朝中做官，并请班固、贾逵等学者，从经史著作中摘编故事，交给画家去画，叫作"画赞"，共有50卷，传至三国魏宫，曹植曾作《画赞传》，至唐名曰"汉明帝画工图"。可见汉代已有表现故事情节的卷轴画了。

汉代宫廷以外，还有许多名人善画。据记载，东汉杰出的科学家张衡能画画，还说他"恶图犬马而好作鬼魅"。《异物志》还记载他曾用脚趾画过猪身人头的神兽。东汉文学家、音乐家蔡邕不仅能画，还创八分书体。据《历代名画记》记载，至唐代还能见到他的《讲学图》《小列女图》等作品。还有汉元帝时的刘褒，官居蜀郡太守，

---

① 温廷宽在《中国古代绘画故事》中说："这段故事一经剧作家之手（自元马致远《汉宫秋》杂剧开始）都把毛延寿当作画王昭君像的画家，致使他挨了许多年的骂，可能是冤枉的。"

也非常能画。据说他画的《云汉图》人见之觉热，又画《北风图》人见之觉凉。这些记载表明，汉代的绘画作品已具有一定的感染力。

可惜，这些作品都未能流传下来。值得庆幸的是，从不断出土的汉代文物中，我们又能见到许多绘画作品，它们的绚丽、生动，也足以使人惊叹不已。

"人死了，灵魂会升天。"这是汉代人普遍的观念。他们希望死后和生前一样享受永恒的幸福和欢乐。从皇帝到各级贵胄，生前就不惜人力、物力，进行大规模的陵墓建造。并集中能工巧匠暗绘墓室，还彼此争相炫耀，造成一代风气。就在这些封闭的墓室里，古人给我们留下了许多珍贵的艺术品，包括壁画、帛画、漆画、画像石、画像砖等。所画内容十分丰富，上至天国，下至人世，乃至鬼怪仙人、神异动物，无所不包。

第一节
多姿的世间景象

汉墓中出土的大量壁画和画像石、画像砖生动地记述了两千多年前人们丰富多彩的生活情景。

例如，河南密县打虎亭一号汉墓中的壁画《百戏图》刻画了贵族们观看杂技表演的情形；河北望都汉墓在墓道的墙壁上画了许多门吏、门卒，可见墓主人生前地位的显赫；山东沂南画像石记述了墓主人生前的征战、出行、丰收宴饮以及死后的哀荣；四川成都、广德的画像砖表现渔猎、收获以及制井盐的过程，还有各种市井生活状况；江苏睢宁、铜山的画像石表现农耕、纺织等等，不胜枚举。其题材的广泛，描写的直接，情感的率真，是中国古代美术史上，任何一个朝代都难以相比的。

在众多汉墓壁画中，规模较大、保存最好、内容最丰富的是内蒙古和林格尔县新店子一号汉墓壁画。它发现于1971年，总面积100余平方米，主要描绘了墓主人从"举孝廉"到"使持节护乌桓校尉"的仕途生涯。画上有庞大的车骑队列、豪华的县城府舍、众多的历史人物、丰富多彩的生活场景及边塞各少数民族的地方风俗等，场面宏大，情节跌宕，结构复杂，布局缜密。其中的《百戏图》表现墓主人观看杂技的情形，在乐队的伴奏下，表演者臂系红带，有的束髻，有的赤膊，表演着跳丸、飞剑、舞轮、倒立、爬杆等技艺，各具姿态。《百戏图》不仅反映了汉代杂技艺术状貌，也充满了生活情趣。它们画在砖壁抹出的石灰底子上，一般先着色，后用墨线勾勒，也有的只用单线勾描或直接用色染画而成。造型生动洗练，用笔质朴简率，着色厚重和谐；在单纯、简洁、稚拙的形式中表现出运动、力量和速度感。

画像石和画像砖是用于墓室建筑的带有图像的大型砖石。画像石在石头上直接雕刻而成，画像砖一般用软坯模印烧制而成。山东、河南、陕西和四川出土的汉代画像砖、画像石最多。

著名的武氏祠画像石，于清乾隆五十一年（1786年）在山东嘉祥城南武宅山发掘出土。该画像石乃东汉武氏家族墓前的石祠，共有四个石室，刻有50多幅构图完整的画面，有历史故事、帝王画像、远古神话以及丰富多彩的现实生活景象。如《车骑庖厨图》，画面分三层，首层为宾主对坐宴饮闲谈；中层为车骑出行；下层为庖厨中的情景：有的抓鸡，有的宰牛，有的烧火，有的淘米。架上还悬挂着酱鸭、熏鱼、牛头、牛腿，充满浓郁的生活气息。所有画面全部阳刻，即将形象轮廓以外的空间铲低，使人物部分凸露出来，然后在面部和衣褶之间用阴线刻画局部，形成一种造型精确又具装饰意趣的独特风格。据武氏祠碑记可知，这些作品是孟孚、李丁卯、改卫等石工镌刻的。

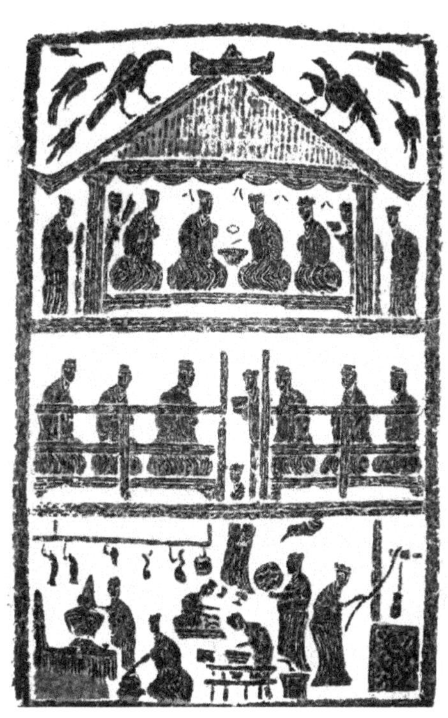

图 8　车骑庖厨图

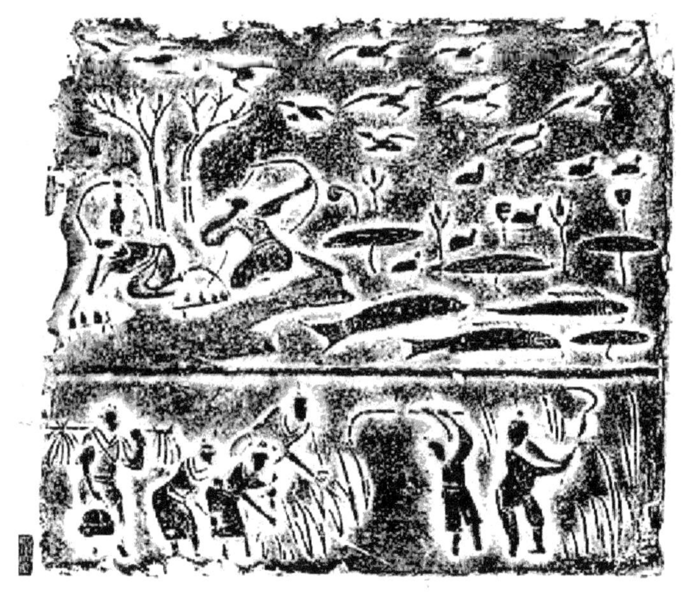

图 9 弋射、收获画像砖

　　《弋射、收获画像砖》出土于四川成都杨子山二号汉墓。此画像砖上部表现狩猎的情景。在美丽的池塘边，有两个猎手正张弓引弦而射，一群野雁冲天飞起，仓皇逃去；池中野鸭也疾速地游向远方；几条大鱼似乎也感到了威胁，摆着尾巴游开。只有池中的秋荷、岸边的树木沐浴在这清秋丽日下，悠然自得。所谓弋射是将系着绳子的箭射出去，然后可以将箭和射中的猎物一起收回。此图在狩猎者的身旁放着收回绳子的器具，可知它描绘的正是这种弋射。弋射者的姿态犹如舞姿，十分优美。一个斜向弯弓，一个将箭头直指头顶上的飞雁，具有此起彼伏的节奏感。汉代的农业经济已经十分发达，狩猎已不是单纯为了谋生的手段，也成了当时社会上层人士的一种娱乐活动。这幅弋射图的着眼点是对自然景物和猎趣的亲切描绘，情调轻松，给人以美的享受。

此画像砖的下半部表现收获的劳动场面。前面两个人挥着长镰收割，后面有三人弯腰拾穗，还有一担担提物者，好像是送饭人。人物动态优美自如，似乎他们的劳动是踩着轻快的节拍进行，产生了很强的韵律感，使人感到收获的欣慰和劳动的愉快。

画像砖面积小，且是模印，很难刻画面部的表情，聪明的汉代艺匠就把所有的才智都用于对动态的表现上。他们能抓住对象运动姿态最优美的一瞬，做出夸张而简括的描画，赋予形象以强劲有力的生命感和音乐般的节律。

第二节
绚烂的人生归宿

20世纪70年代以来，我国考古工作者陆续发现了六件汉代帛画。它们分别是：湖南长沙马王堆一号汉墓帛画、三号汉墓中的四件帛画和山东临沂金雀山九号汉墓帛画。其中以马王堆一号汉墓出土的帛画最有代表性。

1972年，在湖南长沙东郊马王堆，发现了一座保存完好的西汉墓。当人们打开那六层棺椁时，奇迹出现了：一具两千多年前入葬的女尸，居然没有腐烂。眉毛头发，面容五官依稀可辨，肌肉俨然若生，且具弹性，一时轰动全世界。此墓被命名为马王堆一号汉墓。据史学界考证，墓主人是在西汉初年被封为轪（dài）侯的长沙国相利苍的妻子。它的发掘不仅提供了研究汉代社会经济、政治、文化、医学等情况的珍贵史料，而且那发掘出的众多的随葬品、衣饰锦缎、俑人器物、漆绘棺椁等都是不可多得的艺术精品。其中覆盖在内棺上的一幅明旌帛画最为精彩。

明旌也称铭旌，即古代棺枢前的旗幡，作用是识别死者，还有招魂、引魂升天的含义。这种传统葬物在战国时期就有了，比如前章所述长沙楚墓出土的人物龙凤和人物御龙两件帛画，画的内容都是墓主人在龙凤的引导下升天的景象。但这两件帛画从画面看，构图简单，画法还不尽完备。而马王堆一号汉墓出土的这幅帛画，艺术上就成熟完整多了，可看出汉代绘画对先秦绘画的新发展。

此帛画高205厘米，上宽92厘米，下宽47.7厘米，四角缀有飘穗，全画呈"T"字形。从上到下画了天上、人间、地下三部分。帛画上部较宽处描绘的是天界。最上方正中是一人首蛇身者，被认为是记载中主宰上天的女娲神。右上方有一个橘红色的大太阳，中间立着太阳神——金乌。下面是一条白龙与扶桑树相缠绕，其间还有八个小太阳。古代神话说，天有10日，轮番照射大地，并交替栖于扶桑。这里为什么一共画了九个太阳，学者们有不同的说法。有的认为树叶挡住了一个太阳，有的认为《汉书》上原有"九阳"之说。左上方画一弯新月，上有蟾蜍、玉兔，下有欲飞上月亮的一小人，似为偷吃了仙药的嫦娥。中部画着一条带翼的飞龙与右面的白龙昂首相对。中间有飞舞的凤鸟和骑着天马的人形怪兽。下面似为天门，有两个守门人对面娓娓而谈，身后的门柱上各有一神豹把守。帛画中段描绘的是人间情景。正中是一贵妇人策杖欲行，有侍者捧案跪迎，侍女跟随其后。这个衣着华丽

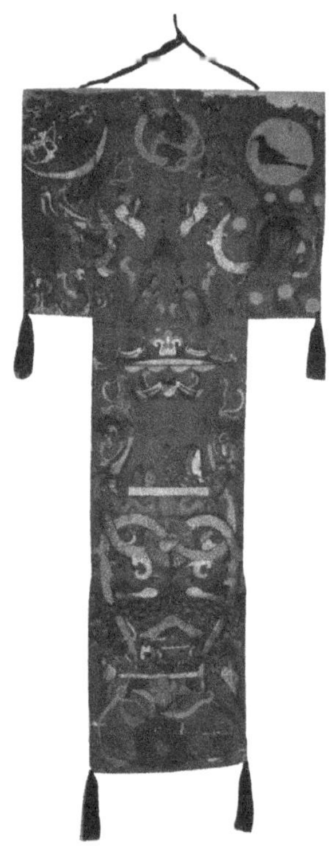

图 10 马王堆出土帛画

的老妇与那具保存完好的女尸十分相像，可能就是墓主人轪侯之妻的肖像。上方天门下有一神鸟高高飞翔，似乎是在等待接引她的灵魂升天。下面是一玉璧，两龙穿璧盘绕，巨大的身躯贯穿整个画面。在象征室内的帷幔上有两个人面鸟身者相对凝视，帷幔下悬一磬，磬下陈设着鼎壶食具，中有七人对座，描绘的是设宴祭祀的场面。帛画下段画的是地下。一个裸体的巨人跨赤蛇站在两条交叉的鱼背上，双手托着象征大地的扁平物。大鱼两旁又有大龟、鸱鸮等。

这幅帛画，展现给我们的是一个五彩缤纷、琳琅满目的浪漫世界。在这神奇的天地里，既有现实生活中的人物、场面，又有飞龙缠绕、天马行空、鸱鸮飞鸣的奇异仙境。它们相互穿插，构成了一个汉代人理想的人生归宿。面对死亡，他们并没有恐惧与呻吟，有的是对死后还能享受永久幸福的渴望和乞求。所以在他们的幻想中，天国神界也处处绚丽多彩，充满着勃勃生机。

此帛画基本上采取单线平涂的画法，即先用淡墨起稿，再平涂上各种色彩，最后勾以墨线。有些地方如人物的面部和帷幔等也有浓淡渲染的痕迹。整幅画制作精细，造型准确生动，用线流畅而有变化。大量使用朱砂、石青、石绿等矿物颜料设色，至今画面色彩仍明丽鲜艳。

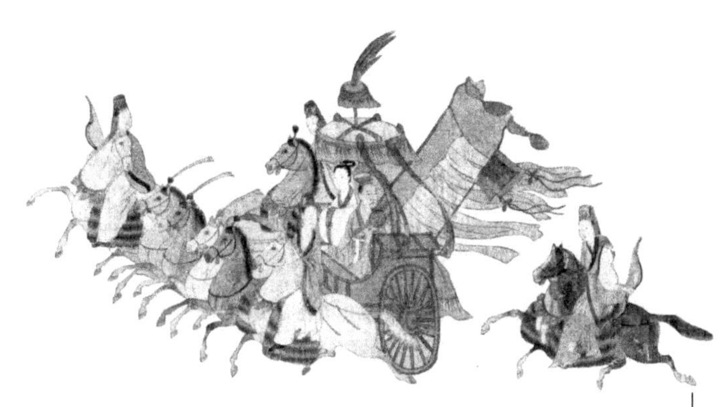

第四章

魏晋南北朝绘画

（220—589 年）

公元220年后，汉代四百年的一统天下，被混战与割据取代。在接卜来的300多年间，先后出现了魏蜀吴三国鼎立、西晋、东晋十六国、北魏、北齐、北周、宋、齐、梁、陈等政权的更替或并立，历史上将这一时期称为魏晋南北朝。频繁的朝代更替，连年不休的征战，使田地荒芜，民不聊生，但思想领域却打破了汉代儒家思想的统治局面，出现了繁荣景象。再加上佛教盛行，使这个动荡的历史时代，在艺术上获得了空前发展。

汉代，佛教从印度传入中国，但直至魏晋南北朝时期它才真正走入中国人的心中。面对苦难无边的现实，人们找不到出路，只好到佛教中去寻求精神上的慰藉，兴寺院、凿石窟蔚成风气。到了北朝时期，全国的佛寺竟达三万多座。在新疆的克孜尔，甘肃的敦煌、麦积山，山西的大同，河南的龙门等地都雕凿了大规模的石窟。石窟寺院是僧人修行和俗人礼佛的地方。为了宣传教义，弘扬佛法，显示因果，供人顶礼膜拜，便兴造像，作壁画，佛教壁画艺术由此得到了长足的发展。

除了佛寺、石窟壁画和墓室壁画外，这一时期还有了卷轴画，并出现了一批有文化修养的士人画家，如：曹不兴、陆探微、张僧繇、顾恺之、戴逵、卫协、张墨、顾景秀、萧贲、曹仲达、杨子华等。这标志着中国绘画进入了一个新的阶段。

　　南北朝可以说是中国绘画，尤其是人物画趋于成熟和独立的时代。准确的人物比例、优美的线描和深入的面目表情刻画，取代了汉代绘画那天真稚拙、以动态传情的特色，使绘画更富理性趣味。与此同时，在玄学和道家回归自然思想的影响下，还出现了最早的山水画。也是在这个时期，画家们开始将传统的绘画经验加以总结，出现了我国最早的独立画论。如顾恺之的"传神论"、谢赫的"六法论"、宗炳的《山水画序》、王微的《叙画》等。它们对中国绘画的发展与民族风格的形成产生了极为深刻的影响。

第一节
佛陀故事

魏晋南北朝的寺庙壁画，已随着地面建筑物的毁坏而不复存在，但在甘肃、河南等地的石窟寺中却给我们留下了许多美丽的佛教壁画。如，新疆的吐鲁番、库车、拜城，甘肃的敦煌、天水、永靖以及酒泉、武威等地石窟，都有不少壁画。其中以甘肃敦煌莫高窟的壁画数量最多，最精彩。

石窟最初是传教信徒在山崖间凿洞面壁修炼的地方，后成为礼佛与参拜的圣地。敦煌位于河西走廊西端的鸣沙山与三危山之间。在古代，这里是关中通往西域的要塞。据说前秦建元二年（366年），有一乐僔和尚行至此地，忽见鸣沙山金光闪闪，似有千佛之状，于是便开始在这里雕凿石窟。到14世纪，历时千余年，先后11个朝代都有所开凿。至今保存有492个窟，塑像2000余尊，壁画4.5万平方米。其中北朝时期的壁画，多以佛教故事为主要内容。如275窟的《尸毗王割肉贸鸽图》、254窟《萨埵

（duǒ）太子舍身饲虎图》、428窟《须达那太子本生图》、285窟《五百强盗成佛图》、257窟《九色鹿本生故事》。

其中，《九色鹿本生故事》高61厘米，横长130厘米，是国内外现存《九色鹿本生故事》画中，内容最丰富、保存最完整的一组壁画。此画根据《佛说九色鹿经》的内容描绘而成。故事说，佛的前身是一只九种毛色、双角雪白的鹿，常到恒河边饮水吃草。有一只乌鸦是它的好朋友。一次，九色鹿将一个掉进水里快要淹死的人驮上岸，那人表示愿作九色鹿的奴仆，报答它的救命之恩。鹿说，不用，只要你不说出我在这里就是报恩了。不久，王后梦见美丽的九色鹿，想用它的皮作大衣，用它的角作拂尘的把柄。她称病不起，要求国王去捕捉九色鹿。国王发布告示，说谁能捉到九色鹿，就把国家分一半给他。那个落水人贪图高官厚禄，顿起歹心，向国王告密，并带领兵马前去捕捉九色鹿。这时，九色鹿正在山上睡觉，虽然有好友乌鸦为它报信，但已被重重包围，无法脱身。九色鹿便跪在国王面前，问是谁告的密。国王指着落水人说：就是他。九色鹿便把它如何搭救落水人的性命叙述了一遍。国王很受感动，谴责了落水人的忘恩负义，立即释放九色鹿，并告布全国，谁要再捕捉九色鹿就诛灭他的五族。后来，落水人浑身长满了毒疮，王后也因此蒙羞而死。

这组壁画将故事中的九个情节场面平列地安排在一个

完整的构图中。全画不追求立体感和正常的比例关系。人物、动物和优美的自然环境统一在一起，情景交融，引人入胜。画中特别突出九色鹿坦然高雅的神态，并通过动势深入刻画了人物的性格。比如落水人卑微地跪着向国王告密，王后得意地把右臂搭在国王的肩上，长裙下还露出翘起的拇趾。这些细节的描写，突出了落水人和王后的阴暗心理。九色鹿向国王讲道理的场面，按《佛说九色鹿经》原文是双膝跪在国王面前，壁画中则把它画得抬着头安详直立，气度轩昂，似在质问国王与落水人。这不仅表现了壁画创作者对正义行为的感情倾向，也使九色鹿这个舍己救人的"善"的化身更加动人。

第二节
宏丽的墓室壁画

除石窟寺的佛教壁画外，魏晋南北朝时期的其他绘画遗迹，在考古发掘中不断被发现。如：新疆吐鲁番晋墓出土的被史学界视为已知最早纸本绘画的《地主庄园图》；甘肃嘉峪关魏晋墓出土的具有浓厚生活气息的数百件砖画；吉林集安高句丽墓出土的舞俑、狩猎、角抵等精美壁画；甘肃酒泉丁家闸5号墓出土的《燕居行乐图》壁画；河南邓县（今邓州）学庄出土的南朝墓门券壁画；南京西善桥南朝大墓出土的竹林七贤与荣启期模印砖画；洛阳北魏墓出土的孝子棺石刻画；山西大同北魏司马金龙墓出土的木板漆画、山西太原娄睿墓壁画等。其中山西太原娄睿墓壁画规模最大、技艺最成熟，堪为南北朝时期中原绘画艺术的杰出代表。

此墓1979年发现于山西太原南郊王郭村，至1982年发掘完毕。墓主人娄睿（？—570年）乃鲜卑人，是北齐皇室外戚。官至并州（治所在今太原）刺史，封东安王。

墓室、墓道、天井、甬道的所有墓壁上绘满了图画，共71幅，总面积有200多平方米。壁画主要描绘了虚幻的仙境和墓主人生前的生活场景。如画在墓道左右两壁中层的《仪卫出行与归来图》，南行者为出行场面，北归者为归来场景。车骑、仪仗、侍卫、随从主次有序，疏密相间，组成两支浩浩荡荡、威风凛凛的出行与归来队伍。细观局部，人物脸形稍稍拉长，但表情丰富，或远眺，或凝神，或回顾，或相呼；马匹众多，形状不一而各具神态。

如果我们把娄睿墓壁画与现存汉代墓室壁画相比较，会发现它们之间的承传关系和发展变化。

娄睿墓壁画虽然继承了汉代墓室壁画以铁线勾勒物状的画法，但所画人物、动物，比例准确，造型逼真，更注重表情和神态的刻画。用线刚柔相济，并有意识地运用色彩晕染法，使形象更具空间感和真实感。这与汉画只注意动态，用笔稚拙率真的特点，拉开了距离。再者，此壁画的创作者巧妙地将人物、马匹、仪仗，安置在长卷式构图中，穿插藏露，变化多端，远近层次，结构繁复，既有时间序列感又有浩繁场面的空间感。气势之恢宏是汉代墓室壁画所没有的。

从墓主人显赫的社会地位和壁画精湛的技艺来看，此墓室壁画当出自宫廷画家之高手。结合现存北齐著名画家杨子华的《北齐校书图（宋摹本）》（现藏美国波士顿美术馆）的绘画特点，有的美术史家推测壁画作者就是当时宫廷绘画大师杨子华。

作者究竟是谁？可留待进一步考证，娄睿墓室壁画的发掘，确实使我们看到了高水平的北齐绘画的大体风貌，并为进一步研究北齐社会文化提供了极其可贵的真迹资料。

第三节
虎头三绝

在魏晋南北朝众多的士人画家中，最著名且有画迹流传的是顾恺之。

顾恺之（约345—409年），字长康，小字虎头，江苏无锡人，曾担任过一些闲散无权的官职，与权贵士人有较密切的交往。他才华横溢，能诗善画，当时人们说他有三绝：画绝、才绝、痴绝。

才绝，是指顾恺之文采过人，写得一手好文章。一次，他游浙江会稽山回来，有人问那里的景色如何。他张口便答："千岩竞秀，万壑争流；草木朦胧，若云兴霞蔚。"显示了他的才思敏捷。据记载，他还写过一些优美的诗文，可惜都已失传了。

如此聪慧之人，为什么又说他痴绝呢？原来在那个政治上变化莫测的时代，有时说错了一句话就有杀头的危险。聪明的顾恺之，常假装痴呆，一方面表现士人的超脱，同时也可避免不测之祸。如，他曾经把一橱珍贵的画封存在掌握军机大权的桓玄那里。后来，桓玄将画全部偷走，仍按原样封好，还给顾恺之。顾开橱一看，一无所有，他不仅没有生气，反而哈哈大笑，说："妙画通神，变化飞去，犹人之登仙也。"其实，他也知道画的下落，只是不愿得罪极有势力、掌握生杀大权的桓玄，假装糊涂，自我解嘲罢了。

所谓画绝，是指顾恺之的绘画成就极高。据画史记载，他20岁时在江宁（今南京）瓦棺寺画维摩诘①像而一举成名。瓦棺寺初建时，召请各方人士为寺庙捐钱。当时的士大夫捐钱没有超过10万的，顾恺之却声称要捐钱100万。众人知他贫寒，以为是吹牛。顾恺之请住持和尚为他准备一面白墙，说是要画维摩诘像，遂闭门谢客，一月有余像乃成，只是未画眼珠。顾恺之对住持和尚说，我将要点眸子，请你开寺三天，第一天来看我画眼睛的要捐钱10万，第二天来观看的要捐钱5万，第三天来观看的捐钱不限多少。顾恺之"画人尝数年不点目睛，人问其故，答曰，四体妍蚩本亡关于妙处，传神写照，正在阿堵中"（唐张彦远《历代名画记》卷五）。所以，这次一听说顾

---

① 维摩诘乃佛教中神通广大的居士，曾以称病为由与佛祖派来问病的文殊菩萨论说佛法。

恺之要画眼睛，江宁的达官贵人、士人百姓都来观看。第一天就人山人海，"俄尔得钱百万"，一连三天观众络绎不绝，无不称赞其妙。顾恺之创作的维摩诘像有"清羸示病之容，隐几忘言之状"，画出了南朝士大夫的审美理想，以至成为后人画维摩诘的典范。他还画过许多肖像画和历史故事画。同代大政治家谢安称赞他的绘画艺术是"苍生以来未之有也"。

顾恺之流传至今的作品有《洛神赋图》《女史箴图》《列女仁智图》。虽然都是唐宋人的摹本，仍可见其基本风貌。《女史箴图》（现藏英国伦敦大不列颠博物馆）和《列女仁智图》（现藏北京故宫博物院）是以封建女德为内容的历史人物画，含有"劝诫"之意。《洛神赋图》则描绘了一个美丽动人的悲剧故事。

《洛神赋》是汉魏大文学家曹植的一篇名赋。全篇以浪漫主义的手法描写了一个优美的人与神相恋，但终因人神相隔而含恨分离的故事。有的学者认为，此赋是曹植为感怀他从前的恋人甄氏而作。甄氏原与曹植相恋，但曹操却将她配与曹植之兄曹丕，"植殊不平，昼思夜想，废寝与食"[1]。甄氏在宫中也郁郁寡欢，后终因谗言而

---

[1] 《文选》中《神女赋》注。

早夭。甄氏死后，曹丕将她的玉缕金带枕送给曹植，"植见之不觉泣"①。在返回封地的路上，息于洛水，恍惚间见甄氏化洛水之神前来与之相会，倾诉衷情。曹植悲喜不能自持，遂作《洛神赋》。也有的学者认为，这是曹植借以抒发政治上不得志的痛苦心情的。此赋情调幽怨而婉转，文辞清丽而华美，许多后代的艺术家常以它为母题进行音乐、戏曲、诗歌、绘画的再创作。顾恺之的《洛神赋图》就是以《洛神赋》为蓝本的一件大型绘画作品。此图现存摹本五卷，其中两卷藏北京故宫博物院，一卷藏台北故宫博物院，一卷藏辽宁省博物馆，一卷藏美国佛里尔美术馆。

我们介绍的这个长卷，纵27.1厘米，横长572.8厘米，是宋人摹本，现藏北京故宫博物院。此图开始描绘曹植在侍从的陪同下漫步于洛水之滨。此时残阳西落，暮色苍茫。天上飞来神龙瑞鸟。忽然水面上出现一美丽女子，"翩若惊鸿，婉若游龙"，回眸凝视，脉脉含情。接着描绘曹植与神女相会、游玩、相别。神女乘龙辇飞驰而去，仍两情依依，回头相望。接下去描绘曹植怅然若失，"夜耿耿而不寐"，天明登程时恋恋不舍，回望洛川。

---

① 《文选》中《神女赋》注。

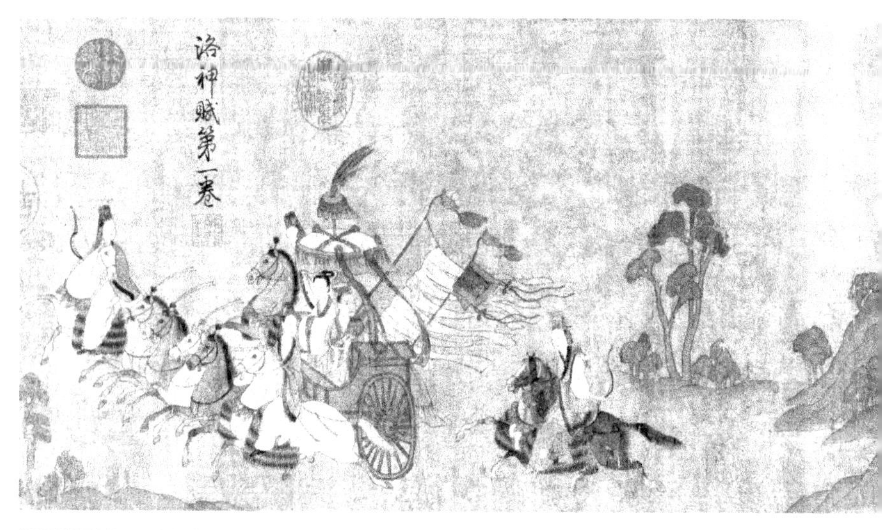

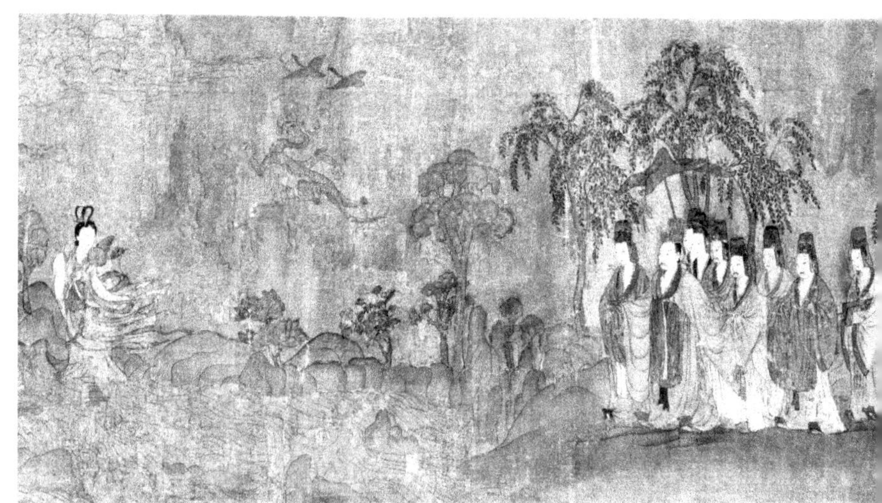

图 11 东晋顾恺之《洛神赋图》（宋摹本）局部

　　这幅长卷，有情节的连续性，但每个情节之间又不截然分开，是一幅有机相连的整体构图，而不是原文的图解。画家以明丽的色彩，生动的人物形象，奇丽的环境描绘，再创造了一种感人意境。尤其是对人物的情态，刻画得更是微妙而传神：曹植初见洛神时的那种惊异、激动之态，神女回首相视的那种"凌波微步"、"进止难期，若往若还"之状都十分感人。文鱼、玉鸾、鲸鲵等神物，光怪陆离，神异非凡，渲染了似真似幻、扑朔迷离的情境；最后画曹植坐在马车里仍扭转身体，回头张望，生动地表现了"怅盘桓而不能去"的情态，回味无穷。似乎也将观者带入那悲哀而又美好的回忆之中。

　　使用线来塑造形象，表达感情，是中国传统绘画的一大特色。它的形成在中国绘画史上经历了漫长的历程。从战国楚墓帛画和西汉马王堆帛画中，不难看出，线已经成了主要的造型手段，但它们主要是形象的轮廓。到魏晋南北朝，其线描除了造型功能以外，具有了更大的表现性。画史上评论顾恺之的线描如"春蚕吐丝"，均匀、细劲、连绵、圆润。又说它像"春云浮空，流水行地"，自然流畅，不雕琢做作。唐代著名美术史家张彦远说，顾的用线"紧劲连绵，循环超忽，调格逸易，风趋电疾，意存笔先，画尽意在"，形成了一种"迹简意淡而雅正"的绘画风格。我们看到的这幅《洛神赋图》

虽是宋人摹品，但原有风格仍依稀可辨。他不用折线，亦不用粗重有变化的线，而用均匀、细劲、圆润、流畅的线，更加强了画面那种含蓄、飘忽不定的感觉。顾恺之这种线描曾使许多后代画家赞叹不已。

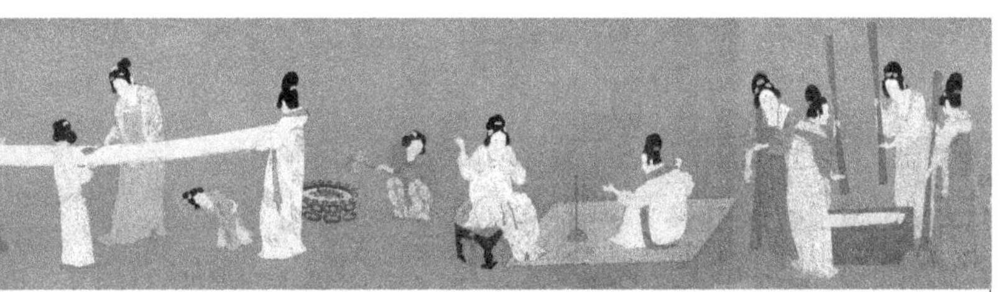

隋唐绘画

（581—907年）

581年，隋朝建立，隋文帝杨坚又用八年时间统一全国，从而结束了300多年的混战与割据的局面。暂时的安定和统一，使农业经济得到恢复，文化艺术也得到一定发展。在绘画发展上，除了宗教壁画外，卷轴画已经十分流行。这个朝代虽然只有短短的30多年，但却能综合南北朝以来绘画的各种表现方法，为唐代绘画的高度发展奠定了基础。

618年，在隋末农民起义的波澜中，李渊、李世民父子取得了最后胜利，建立大唐帝国。经过100多年的恢复和发展，唐代政治稳固，经济繁荣，疆域辽阔，成为当时世界上最强大的帝国。唐代的绘画，也如同唐代的舞蹈、音乐、诗歌、散文一样获得了灿烂辉煌的成果。

唐代的宗教绘画仍然十分盛行。寺庙、石窟的兴建与开凿，宗教宣传的需要，给画家们创造了施展绘画才能的条件。许多知名画家，都从事宗教壁画的制作。例如，被尊为"画圣"的吴道子，就是因从事寺观壁画的创作而闻名于世的。据说，他在兴善寺的中门画壁画时，长安的士人百姓、男女老幼都争着来看，将其围得水泄不通。吴道子画佛像的灵光圈不用界尺，只"立笔挥扫，势若风旋"，观者连声喝彩，惊动了整个街巷。吴道子作的壁画，仅长安和洛阳就有300余间。他创作的形象很有感染力。据说他在长安景云寺画的地狱变相，奇踪异状，阴森森地使观者毛骨悚然，一些以屠宰牛羊、捕鱼为业的人看了以后，都纷纷改行。

世俗生活也吸引了画家和欣赏者们的注意。人物画高度繁荣，山水、花鸟画也迅速发展。鬼神、牛马、屋宇画等也开始独立成科。一时名家辈出，群星灿烂。至今，有文献和画迹可查的唐代画家有近400人。阎立本、吴道子、李思训、王维、韩幹、张萱、周昉、边鸾、张璪、王洽、曹霸、戴嵩、韩滉、孙位等都是独树一帜、驰誉千秋的大画家。他们创造的唐代绘画五彩纷呈，绚丽多姿。

第一节
表现自然之美

在南北朝前，自然风景只是人物画的陪衬。到南北朝时期，艺术家开始受道家思想的影响，更多地注意自然和自然美的价值。他们企图把自己对自然的观察和感受画出来，得到与观赏大自然一样的身心享受。于是画家们开始寻找能使人身临其境的方法，即在有限的平面上，画出深远的意境。经过二三个世纪的寻觅，至隋代的展子虔，终于超越了早期画山水"人大于山，水不容泛"的稚拙阶段，把"丈山、尺树、寸马、豆人"的比例关系运用于画面，在视觉上创造了一种"咫尺之内而瞻万里之遥"的空间效果。他的《游春图》即是典型一例。它标志着山水画摆脱了人物画附庸的地位而成了一个独立存在的画种。

《游春图》横80.5厘米，纵43厘米，现藏北京故宫博物院。此画描绘了明媚的春天，人们踏青郊游的情景。宽阔的河面碧波粼粼，有一载着游人的篷船荡漾其中。两岸青山叠翠，掩映着寺院、村舍数间。游人有的骑马巡观于

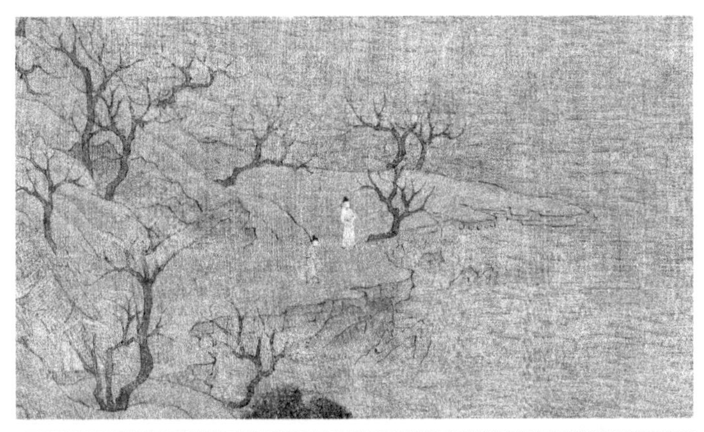

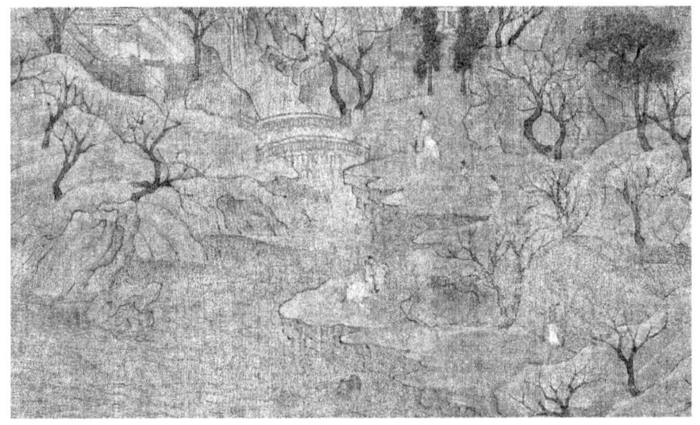

图 12　隋·展子虔《游春图》局部

山间小路，有的步行驻足于岸边浅滩，沐浴着和煦的春光。整个画面开阔，有"远近山川，咫尺千里"的艺术效果。无怪乎宋代诗人黄庭坚看了这幅画，慨然写道："人间犹有展生笔，佛事苍茫烟景寒。 常恐花飞蝴蝶散，明窗一日百回看。"

此图以勾勒填色的方法画山川、树木，不用皴笔，其中的人物、远树、繁花，直接用色点染，水面勾以轻柔、细密的波纹，整幅画大量使用石青、石绿，所谓"青绿重彩工细巧整"，被后人称为青绿法。

展子虔生卒不详。《历代名画记》说他"历北齐、周、隋，在隋为朝散大夫，帐内都督"。可推测他大约生活于550—604年间。据有关画史记载，展子虔的很多作品流传到唐代。还说他"触物留情，备皆妙绝"。意思是说，展子虔之所以画什么都能画得非常好，是因为他对周围的一切事物都留意观察体验。他的画"描法甚细，随以色晕"。这种表现方法，直接继承了顾恺之的画法，但又有发展和变化。他还善于画台阁、鞍马，画得最出色的是河流山川。

近代有些史论家认为，这卷《游春图》是初唐或盛唐时期的作品。但是，从画法的古朴来看，即便不是展氏手笔，也是隋代原稿临摹品。它向人们展示了中国早期山水画的基本风貌。因此，在中国古代绘画史上依然有着重要价值。

山水画发展到唐代，有了新的变化。

据唐人朱景玄的《唐朝名画录》记载，天宝年间

（742—755年），唐玄宗忽然想观赏四川嘉陵江风光，便派吴道子去写生。吴道子目识心记，并不对景写生。回长安后，玄宗向他要画，他说："臣无粉本（草稿），并记在心。"玄宗令他在大同殿壁作画。只用了一天的时间，吴道子便画出了嘉陵江300里的美丽风光。玄宗又让李思训在大同殿画嘉陵江山水，他画了几个月方才完成。玄宗把两人的画作了比较说："李思训数月之功，吴道子一日之迹，皆极其妙也。"

关于吴道子画嘉陵江山水，宋人董逌（yóu）的《广川画跋》说是"图本以进"，明人张丑的《清河书画舫》说是"请匹素写之"，并非画在大同殿壁上。有的美术史家也指出，天宝年间，李思训早已故去，不可能与吴道子同时作画。关于这些问题，可留给史学家继续考证。我们却可以从这则记载中了解到，唐代的山水画已有了不同的表现方法。李思训画的是青绿山水画，工整、细丽，金碧辉煌；吴道子画的是以水墨为主的简体画，略施淡彩，气势豪壮。它们分别代表了中国早期山水画的两种画法风格。不同风格的出现，说明山水画在唐代开始繁荣。

李思训（651—716年），字建，成纪（今甘肃天水）人，唐宗室，开元初官至右武卫大将军，人称大李将军。《历代名画记》说他"早以艺称于当时，一家五人（李思训、弟思诲、子昭道、侄林甫、侄孙李凑）并善丹青"。

李思训画山水，继承并发扬了展子虔有勾无皴极重色彩的画法。强调勾画山石形状，皴法不明显，用大青绿着色，树木多双勾填色，有时用金银复勾，金碧辉煌。所画山水多"云霞缥缈，时睹神仙之事"的想象中的境界。台北故宫博物院藏有一幅《江帆楼阁图》，传为李思训所作。画中江天浩渺，风帆往还，山中曲廊楼台，长松桃竹相掩映，一如李白诗句"满堂空翠如可扫，赤城霞气苍梧烟"。还有北京故宫博物院藏的三幅《宫苑图》，山重水复，楼台殿阁，华美壮丽，当是李氏画派的作品。

李思训的儿子李昭道，字希俊，被呼为小李将军。承其家法，画法更趋精细。虽然气魄不如其父，但以装饰性和精妙取胜。北京故宫博物院藏有《明皇幸蜀图》，传为李昭道所作。

李氏父子的山水画是初唐进入盛唐时期最有影响的山水画派，在中国山水画史上占有重要地位。他们那豪华富丽、灿烂辉煌的风格，正是唐代绘画的基本格调之一。

盛唐的吴道子，一改隋唐名家重视色彩的画风，以丰富有力的线条表现对象，发展了所谓"疏体"的画风。吴道子的山水画迹已不可见，从他画300里嘉陵江，竟能一日而毕，可推想其画法是以水墨为主，或略施淡彩。同代史论家张彦远说吴道子的山水画"怪石崩滩，若可扪酌"，有很强的真实感。这种画法促进了水墨画派的成长，引发了唐末、五代水墨山水画的勃然兴起。

唐代还有一位著名诗人画家叫王维（701—761年），是山西蒲州（治所在今永济市）人，官至尚书右丞，人称王右丞。王维好佛，自号摩诘，通音律，精诗文，善书画，多才艺。他曾说自己是"当世谬词客，身前应画师"。晚年遇安史之乱，被俘并授伪职。据《唐书》记载，安禄山曾召集梨园弟子在凝碧池演奏。有一乐工将乐器扔在地上，面向玄宗避难的西南方痛哭，当即被安禄山杀死。王维目睹这一惨景，自吟一诗："万户伤心生野烟，百官何日再朝天。秋槐叶落空宫里，凝碧池头奏管弦。"安史之乱被平定后，王维因任伪职下狱，后来又因此诗和胞弟的解官相救，官复原职。但从此无意功名，归隐辋川别墅，或弹琴赋诗，绘画自娱，或焚香独坐禅诵经文。他的诗追求恬淡、清幽的境界，他的画抒情而富于诗意。王维的真迹已不可睹，但从画史记载中可知画如其诗，意境深远。宋代大文学家苏轼说："味摩诘之诗，诗中有画；观摩诘之画，画中有诗。"他在画法上创湿笔水墨渲染法，丰富了中国绘画技巧。《唐朝名画录》说他"踪似吴生（吴道子）而风致标格突出"，"画辋川图，山谷郁郁盘盘，云水飞动，意出尘外，怪生笔端"。

关于《辋川图》还有一段趣闻。据说，宋代文学家秦观得了肠胃病，有个朋友拿来王维的《辋川图》挂在他的床头，说看了它病就会好。秦观病倒在床，心情郁闷，但每天欣赏这幅画就好像到了风景优美、空气清新的辋川别墅，心情开朗，肠胃病果然好了。

王维擅长画石。据说他曾给唐玄宗的弟弟岐王李范画过一幅怪石，真实而有趣。李范经常展卷观赏。有一天，雷雨大作，猛然一个大霹雷，将画中的怪石拔起，怪石被狂风卷走了，画面变成白纸。过了六七十年，到唐宪宗时，朝鲜国送来了一块石头，说是朝鲜神嵩山上飞来的奇石，上面还刻着王摩诘的印。人们才知道，以前王维画的那块石头，竟飞到朝鲜去了。画上的石头会在空中飞，这当然不是真事，但足以说明，王维画的石头惟妙惟肖。

此外，唐代还有张璪、王墨、郑虔等著名画家，也画山水画，并独成风貌。可惜他们的作品大多数都失传了。

第二节
盛唐风貌

　　唐代人物画，在题材内容和表现方法上都走向多样化。除宗教壁画外，画家们开始较多地表现社会生活中的重大事件和各阶层人物的生活状况。著名的人物画家有初唐的阎立本，盛唐的吴道子、张萱、周昉，晚唐的孙位等。

　　阎立本（？—673年），雍州万年（今陕西西安）人。他的家族自汉至隋300余年世代官居显赫。其父阎毗，兄阎立德，都擅绘画及工程建筑。阎立本曾担任过工部尚书和右相。受家庭影响，长于绘画，在人物、鞍马、山水、台阁、道释画等方面都有较高的造诣，成就最高的是人物画。据画史记载，他的作品有六七十件之多，可惜流传至今，较为可靠的只有《步辇图》和《历代帝王像》（近年来有学者认为，《历代帝王像》的作者是唐初画家郎余令，待考）。

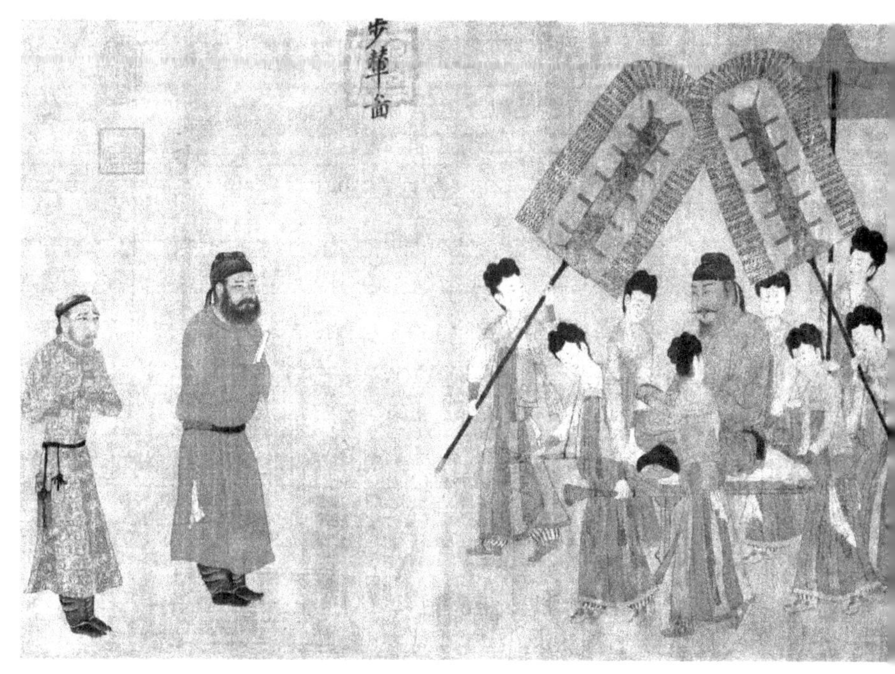

图 13 唐·阎立本《步辇图》（宋摹本）局部

　　《步辇图》又名《唐太宗步辇图》，宋人摹本，现藏北京故宫博物院，纵38.5厘米，横129厘米。取材于贞观十五年（641年）唐太宗嫁文成公主于吐蕃王松赞干布的历史事件。画中描绘的是唐太宗坐在步辇上接见松赞干布派来迎亲的使者禄东赞的场面。唐太宗器宇轩昂，神态自若，威严中透着和善。他的前后左右是抬辇、扶辇、持扇、张伞的九个宫女。左边中间一人是禄东赞。他身着锦缎藏袍，双手合于胸前，谦恭地倾听着。画中人物的身份以及在特定情境中的态度，表现得恰到好处，使整幅画洋溢着肃穆友好的气氛。

《历代帝王像》（宋前摹本）高约50厘米，横长约530厘米，绢本，浓设色。现藏美国波士顿美术馆，画的是古代13个帝王像。其中有刘秀、曹丕、孙权、刘备、司马炎、杨坚这样的开国明君，也有刘弗陵、陈伯宗、陈叔宝、杨广这样的庸君；有尊佛崇道的陈蒨、陈顼（xū），也有毁灭佛法的宇文邕。阎立本选择这13个帝王，带有明显的鉴戒教训的目的。

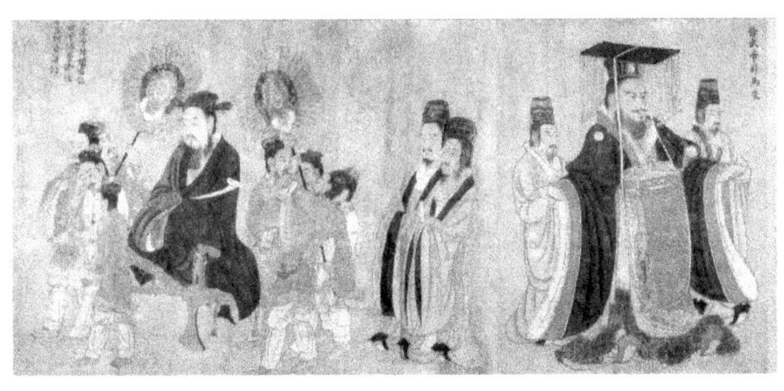

图 14　唐·阎立本《历代帝王像》（宋前摹本）局部

阎立本的人物画，具有强烈的现实性和政治意义。多取材于当时具有历史意义的重大事件，侧重描绘著名历史人物，用以鉴戒贤愚，弘扬治国安邦的精神。这与同代或后代其他人物画家主要服务于宗教的绘画倾向，有明显区别。

在艺术表现上，阎立本能广泛地学习前代画家之长，融化为自己的东西。相传阎立本游荆州，看六朝画家张僧繇旧迹，第一天初看说他虚得其名，第二天去看，说他是近代佳手，第三天去看则感叹他名不虚传。于是"坐卧观之，留宿其下"，10余天还舍不得离去。

与六朝画迹相比，阎立本的人物画写实性强，并注重人物精神个性的描绘。如《步辇图》中吐蕃使者禄东赞和礼官肃穆谦敬的神态，唐太宗雍容尔雅的气度，都刻画得恰如其分。这在阎立本以前的人物画中是不多见的。

线描是中国传统绘画的特色之一。东晋画家顾恺之的线描古拙细劲，如春蚕吐丝，阎立本的线描则注意到根据不同对象变化力度与速度，风格趋于稳练坚实。在设色方面，多使用石青石绿，有时还用金银等贵重的矿物颜料。从后来李思训的金碧山水画中可以看到这种着色方法的影响。

如果说魏晋南北朝的人物画已从汉代的简朴、稚拙发展为"迹简意淡而雅正"，并向"细密精致而臻丽"的境界发展的话，那么阎立本则是在此基础上，又将中国绘画向盛唐的"焕烂而求备"推进了一步。因而他是一个承上启下的重要画家。

　　盛唐吴道子的人物画，又别具风格。吴道子（约685—760年），原名道玄，阳翟（今河南禹州）人。幼年失去父母，家境贫寒；早年曾学习张旭、贺知章的书法；后改学绘画，刻苦努力。不满20岁就以画闻名。传说，吴道子曾访问过某庙的和尚，和尚对他傲慢无礼，他就在庙墙上画了一头驴，每到夜晚，画驴从墙上走下来，把和尚的屋里弄得乱七八糟。和尚只好央求吴道子把画涂掉，夜里才得以安静。后来吴道子被唐玄宗召至宫廷供职。《唐朝名画录》记载他"凡画人物、佛像、鬼神、禽兽、山水、台殿、草木皆冠绝于世，国朝第一"。后人尊他为"百代画圣"。

　　吴道子的人物画以寺观壁画为主，也画过当代帝王、功臣、名士的肖像画、历史画。他的绘画风格以豪放为主要特色。据说，有一次，吴道子随唐玄宗去洛阳，遇到舞剑名手裴旻将军家有丧事。裴将军早就仰慕吴道子的画艺，遂请他在天宫寺画鬼神，为死者超度亡灵，并送了许多钱帛。吴道子奉还钱帛说："久闻将军大名，请为我舞剑，观其壮气，有助我画画，也可作为对我的酬劳。"于是裴旻脱去丧服，持剑起舞，"走马如飞，左旋右转。掷剑入云，高数十丈，若电光下射，旻引手执鞘承之，剑透室而入，观者数千人，无不惊栗。道子于是援毫图壁，飒然风起，为天下之壮观。道子平生绘事，得意无出于此"（宋·郭若虚《图画见闻志》）。从这则记载中，可以想见，吴道子作画极富于感情，冲动起来，"立笔挥扫，势若风旋"，其画就更加神采飞扬。苏轼以"当其下笔风雨快，笔所未到气已吞"的诗句形容吴道子的画风是十分准确的。

吴道子的人物画，生动真实，强调用笔，柔中生刚，很有力量。线描如莼（chún）菜条，流畅而有顿挫，首创"柳叶描""枣核描"。其势圆转飘逸，有很强的运动感。画人物衣带，宽松飘逸，若有风助，被称为"吴带当风"。在设色方面也独具特色，"所画壁画、卷轴，落笔雄劲，而敷彩简淡"（宋·郭若虚《图画见闻志》）。有的作品纯是白描，时人称为"白画"。

吴道子的真迹已不可见，只有现存日本的《送子天王图》传为吴道子所作。虽然是宋人摹本，但也可见吴道子画派的风格。

以妇女生活为题材的绘画，古已有之。到了盛唐，表现宫廷妇女生活的仕女画风靡一时，出现了专画仕女的画家，仕女画随之也独立成科。盛唐仕女画摆脱了汉魏以来主要画"孝女""烈女""女史"以宣扬封建道德的教化传统，更多地把妇女作为审美对象，描绘她们的日常生活，她们的苦闷与欢乐。最著名的画家是张萱和周昉。

　　张萱，京兆（今陕西西安）人，生卒不详，是盛唐开元年间（713—741年）的宫廷画家。《唐朝名画录》说他以"画贵公子、鞍马、屏障、宫苑、仕女名冠于时"。当时很多人都摹仿张萱的画法，常真伪难辨，他便"朱晕耳根，以此为别"，用朱红色晕染耳根为其特点。张萱流传下来的作品有现藏辽宁省博物馆的《虢国夫人游春图》和现藏美国波士顿美术馆的《捣练图》。

　　《捣练图》高37厘米，横长147厘米，传为宋代赵佶摹本，是盛唐仕女画中取材别致、颇具现实意义的杰出作品。练是古时候的一种丝织品，织成后质地生硬，需要将它煮熟，然后用杵臼捣软，经缝制、熨平，方可使用。此图描绘的正是这些劳动情景。画中描绘了12个人物。右边一组四人，为捣练者。其中两人正举着木杵用力捣下去，另外两人似在间歇中。其中着红衣蓝裙者依杵卷袖，作替换捣练的准备。中间一组两人，一宫女席地而坐，两臂张开，似在络线，另一人侧身坐在一个矮凳上，正在认真地缝练。左边的一组六人正在熨练。有两宫女将练拉开，身体向后微斜，一副用力拉平的样子。中间有一宫女拿着装炭火的熨斗，仔细地熨着。隔练画一背面小宫女用手拉着练的边缘帮助抻平。另有一小女孩在练下新奇地仰首观望，似要从练下穿过。后面画一宫女蹲在地上执一把团扇，扇着火盆中的炭火，以备熨斗添换新炭。

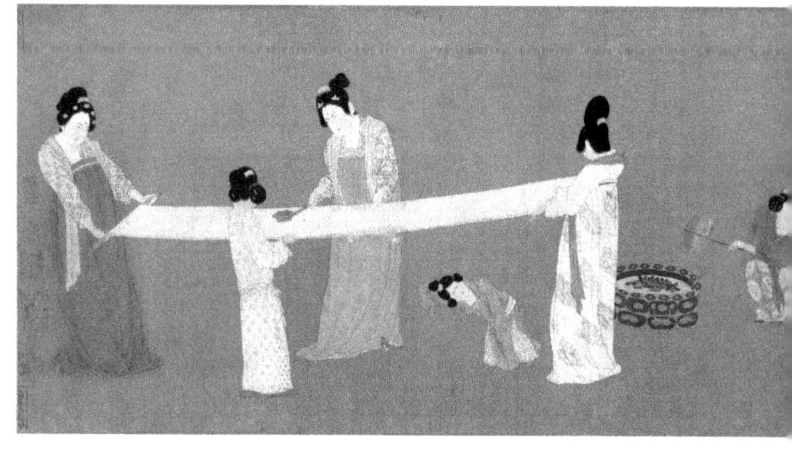

图 15　唐·张萱《捣练图》（北宋·赵佶摹）

　　全画没有背景，只有简单的道具，画家在构图取舍上做了一番精心的安排。人物或坐或立，或侧或背，穿插错落，相呼相应，极尽变化而不纷乱。画的是紧张劳动，整体情调却是轻快而和谐的。画家巧妙地捕捉了劳动过程中那些微妙的动态，如，画中依杵挽袖者，微微后倾又保持身体平衡的抻练者，扭头避开烟火的扇炭炉者，尤其是那个在练下嬉戏的小女孩，活泼有趣，为画面平添了一种欢快的生活气息。

　　周昉（约745—804年），字仲朗，又字景玄，长安人。他是活跃于安史之乱以后的著名人物画家，官至宣州（治所在今安徽宣城）长史，曾学张萱。其仕女画被称为

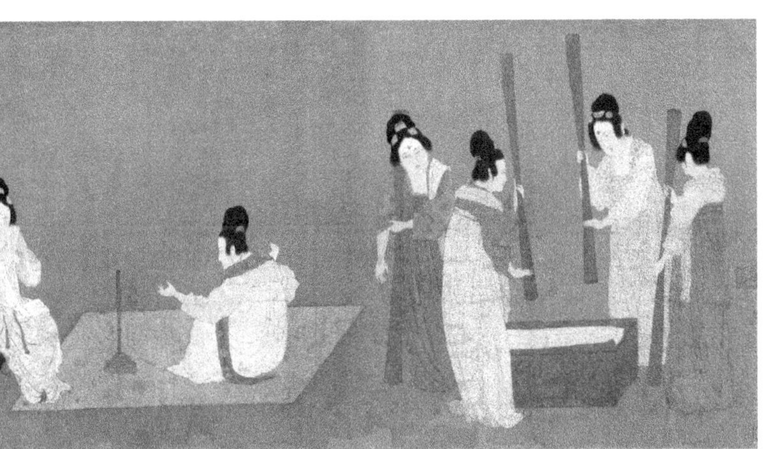

"古今冠绝"。据说周昉的写实能力很强。当时有个叫赵纵的，先请韩幹为他画像，后又请周昉画像。赵纵的岳父郭子仪把两幅画挂在一起看，觉得都很像，一时分不出高下。一天赵纵的夫人回娘家，郭子仪指着画像问她："你看这是谁？"她说："是赵纵。"又问："哪一张像？"回答说："两张都像，后一张最好。"问："为什么？"答："前一张只是外表像，后一张不仅外表像，而且把赵纵的神气和性情言笑之姿都画出来了。"可见周昉的人物画在当时就有极高的声誉。

传为周昉的现存作品有《簪花仕女图》《调琴啜茗图》《挥扇仕女图》《戏婴图》等。周昉和张萱的仕女画，在画

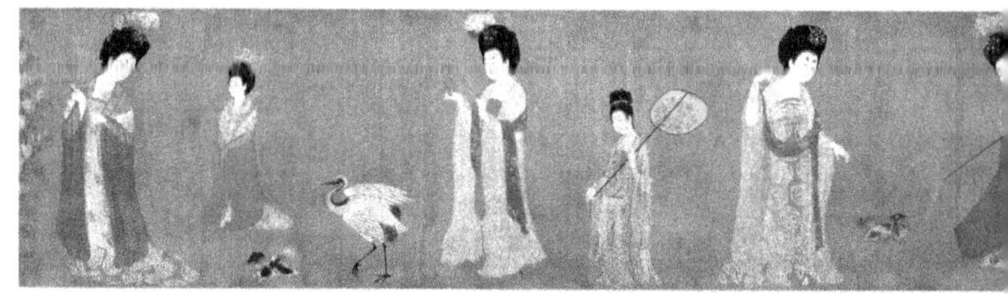

图 16　唐·周昉《簪花仕女图》

法、风格上有相似之处。人物形象皆曲眉高髻，丰颐健体，衣着华贵，仪态雍容，一如唐代大诗人杜甫在《丽人行》中描述的"态浓意远淑且真，肌里细腻骨肉匀"。用线工细劲健，设色富丽匀净。与张萱的仕女画一样，浓丽

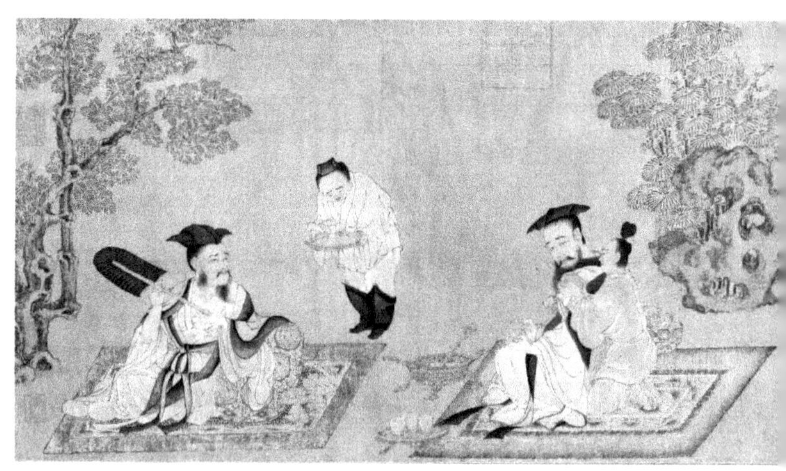

图 17　唐·孙位《高逸图》

而不俗艳，工整而不烦琐。不仅展示了盛唐仕女的绰约丰姿，也使人领略到唐人以丰腴为美的时代性审美风尚。但是，二者在气质和情调上却有明显差异。如果说张萱的《捣练图》表现的是轻松、愉快的劳动气氛，《虢国夫人游春图》表现出一派富贵和自由舒畅的盛唐景象，那么周昉的作品多表现深宫妇女们懒散、幽忧、无聊的苦闷生活，间接反映了安史之乱以后，强大的唐帝国在迅速走向衰落时，人们的心理状态和精神面貌。

留存至今的晚唐人物画，还有孙位的《高逸图》。此图高45.2厘米，横168.7厘米，现藏上海博物馆。画面上描绘了四个古代文人。他们分别坐在华丽的方毯上，各有

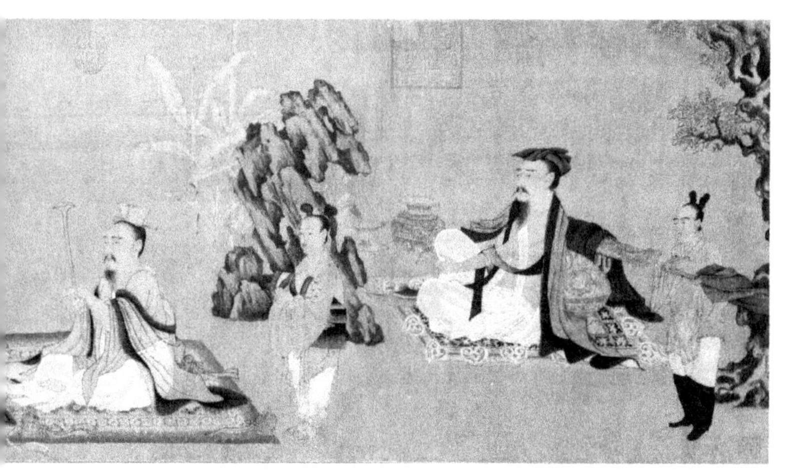

一书童侍候。身后有芭蕉、树木、湖石。此图卷首有宋徽宗赵佶所题"孙位高逸图"五字，并钤有"双龙""御书"等收藏印。有人认为，这幅画的内容是表现唐末、五代动乱时期的文人隐士生活。近年有学者考证，此图与20世纪50年代后期出土的南京西善桥南朝大墓中砖模烧制的壁画《竹林七贤与荣启期》在构图、形式、人物动态等方面都有相似之处，很可能是根据南朝范本再创作的。这幅《高逸图》只画了四个人，当为《竹林七贤图》残卷，也未可知。

"竹林七贤"指的是魏晋时期的七位著名文人：嵇康、阮籍、山涛、向秀、刘伶、王戎和阮咸。《魏氏春秋》说，此七人"相与友善，游于竹林，号为七贤"。他们蔑视虚伪的礼法，行为放纵，好饮酒，善诗书，通音律，尚清谈。一向为后代士大夫文人所推崇。此帧右边第一人为山涛，他披衣抱膝而坐，面容清秀，双眉微蹙，两眼凝视前方，一副孤高脱俗的神情。第二人是王戎，右手执如意，身前放着未展开的画卷，若有所思。第三人是嗜酒如命的刘伶，侧坐，手持酒杯，回首蹙额，神情恍惚，醉眼蒙眬，好像要呕吐的样子。第四人是阮籍，他宽衣博带，正面而坐，手执一扇，神情超迈，微笑欲语。侍候在他们左右的四小童也神态各异。

《高逸图》的作者孙位，生卒不详，会稽（今浙江绍兴）人。黄巢起义军攻陷长安后，曾随唐僖宗李儇避四川，任"文成殿下道院将军"。宋初黄休复的《益州名画录》说他"性情疏野，襟抱超然。虽好饮酒，未曾沉酩。禅僧、道士常与往还。豪贵相请，礼有少慢，纵赠千金，难留一笔"。可见他在当时的名声极高。

第三节
神骏追风

在古代的社会生活中，马是人们不可缺少的忠实助手。不管是交通运输、体育游戏，还是战争、耕种，都离不开它。加之其形体矫健、神态潇洒，人们特别喜欢它，总把它作为特殊的审美对象。古往今来，出现了很多塑马、画马的艺术家。在唐代，养马、画马蔚然成风。史书记载，唐玄宗的内厩里就有40万匹良马。大诗人杜甫在《丹青引赠曹将军霸》中有"先帝天马玉花骢，画工如山貌不同"的诗句，形容当时画马的盛况。唐代最有成就的画马名家是曹霸、韩幹和韦偃，绘画史上将他们并称"曹、韩、韦"。可惜，流传至今的可靠真迹已不多见，只有韩幹的《牧马图》《照夜白图》（藏美国大都会博物馆）等数件而已。

韩幹，生卒不详。长安人。少时家贫，曾在一家酒店作佣工，经常在空余时间作画。一次，他奉命到著名诗人、画家王维家送酒。主人不在，他就利用等待的时间在

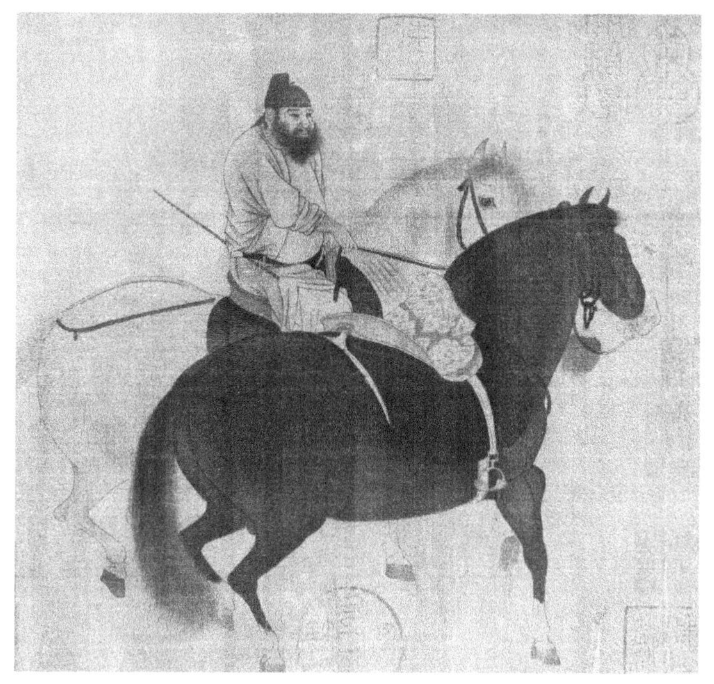

图 18　唐·韩幹《牧马图》局部

地上画了起来。王维回来，发现这个年轻人很有艺术才华，又肯下苦功，就每年资助他两万钱学画。他最初拜曹霸为师，并成为曹霸诸弟子中成绩最优秀者。天宝年间，韩幹画名渐大，唐玄宗李隆基召他入宫，命他再拜宫廷画家陈闳为师。后来，玄宗见韩幹画马与陈闳的风格不一样，问其故，韩幹说："臣自有师，陛下内厩之马，皆臣之师也。"原来，他并不单纯摹仿他人的画法，而是以马为师，细致观察马的各种生活习性、结构动态，终于创立了自己的独特风格，成为对后代影响最大的画马名家。

唐代美术史家张彦远曾记述了这样一个传说：安史之乱以后，韩幹居家办丧事。一天夜里，忽有一头戴高帽、身着红衣者，闯进门来，自称是"鬼使"，请韩幹画马一匹。韩幹立即画了一匹马并把它烧掉（迷信讲，烧了就是送给了鬼）。不久，这鬼使骑着他画的那匹马，来送礼感谢。这个虚构的故事说明，唐代人认为韩幹画马已经画神了。

《牧马图》高27.5厘米，横34.1厘米，现藏台北故宫博物院。画面上是黑白两匹马和一个骑在白马上的牧马官。两马膘肥体壮，威武神骏。它们并辔而行，于静缓中蕴含着动力。牧马官一脸络腮胡，右手拉住缰绳，腰间插

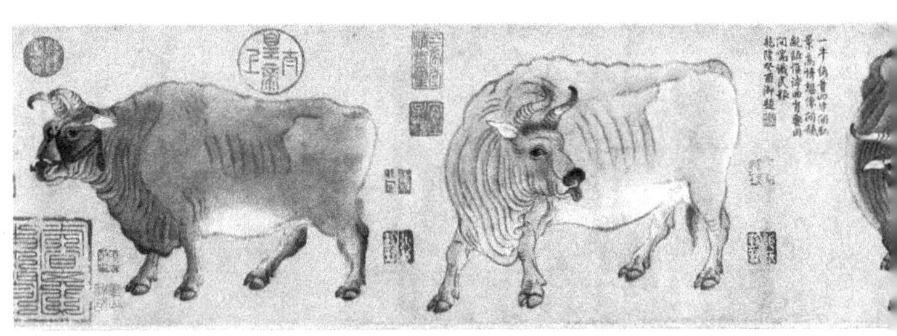

图 19 唐·韩滉《五牛图》

一把马鞭，神态自若，气度轩昂。全画先以细劲的铁线勾勒人物、马匹的外轮廓，然后用黑色颜料掺加少量朱红颜料，层层渲染，画出马的结构和体积感。生动地表现出御马"骨力追风，毛彩照地""奇毛异状，筋骨既圆"的特色。

牛与社会上层人士的关系，不像马那么密切。但它却是犁田、种地的主要劳动力，所以许多以农家风俗为题材的作品中，牛成为不可缺少的表现对象。唐代以画牛著称的有戴嵩、韩滉等。留传至今的名作有戴嵩的《斗牛图》（藏台北故宫博物院）和韩滉的《五牛图》。

《五牛图》高20.8厘米，横139.8厘米，现藏北京故宫博物院。画中的五头牛从左至右一字排开：一缓步而行，一回首舐舌，一抬头凝视前方，一仰首而鸣，一在荆棵上蹭痒。整幅画除最后右侧有一小树外，别无其他衬景，因

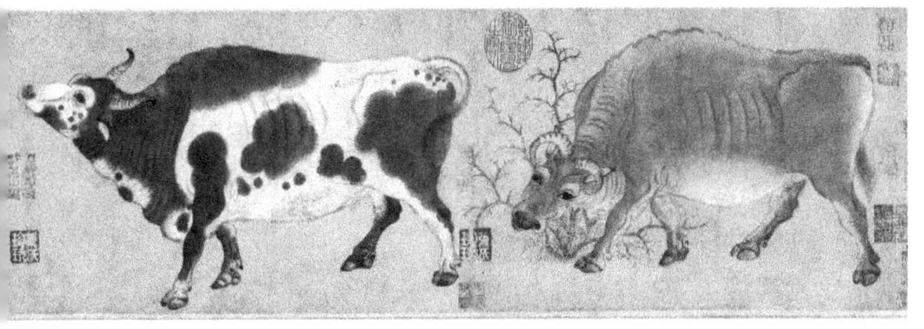

此每头牛又可独立成章。在画法上，画家先是以粗笔淡墨，准确地勾出各头牛不同的形态、结构，再以浅色渲染牛的眼、鼻、蹄、趾、皮毛、花色等，使之具有一定的体积感和光感。从整体看来，五头牛都画得神气磊落，性格敦厚，生动自然，颇具田家生活气息。以至300多年后，宋代诗人陆游看了说："……便觉身在图画，而引起辞官求去的愿望。"

《五牛图》在牛的形体塑造上，打破了汉代只画牛侧面和平面的装饰性风格，生动地表现牛的各种动态。尤其是中间一头牛，正对观者，角度独特，但结构、比例、透视关系却画得十分准确。此外，唐画大都画在绢上，《五牛图》却是画在纸上。纸的吸水性强，适宜发挥用笔的长处。画中粗厚多变的线描，在唐画中是极为少见的。

流传至今的唐代绘画作品，已是凤毛麟角，这幅《五牛图》也曾几经辗转。辛亥革命前，由清廷内府收藏，后由溥仪携往天津，流失国外。1958年，国家文化部方以数万元巨资，从香港购回，使这一稀世珍品又回到了祖国的怀抱。

韩滉（723—787年），字太冲，长安人。其父韩休曾为玄宗时宰相，为人峭直。《新唐书》中说韩滉"虽宰相子，性节俭，衣裘茵衽（rén）十年一易。甚暑不执扇。居处陋薄，取庇风雨"。韩滉曾做两浙节度使，后官至宰相。在任期间，他能深入山乡田野，组织百姓治水、养鱼，致力于农田改造与管理，为发展农业生产有过贡献。死后被封为"晋国公"。韩滉自幼聪慧，喜绘画。书法学张旭，绘画则师六朝画家陆探微。《唐朝名画录》说他"能图田家风俗，人物水牛，曲尽其妙"；《画鉴》（元人汤垕著）说"牛图是其所长"。他的作品流传到宋代宣和年间（1119—1125年）时，还有36件之多，但流传至今的，只有《五牛图》一幅。曾被认为是韩滉手笔的《文苑图》，经近人考证乃五代人之作。

第四节
妙绝动宫墙

"森罗回地轴，妙绝动宫墙"，这是杜甫歌咏洛阳玄元庙壁画的著名诗句。足见唐代壁画是何等的灿烂辉煌！可惜这些动人心魄的壁画都已毁没了。幸有远在边陲的石窟壁画和不断出土的墓室壁画，可窥唐代壁画之一斑。

敦煌莫高窟保存有大量隋唐时期的壁画。题材范围之广阔，场面之宏丽，表现技法之高超，都是前所未有的。所画内容多为净土经变，描绘祥云缭绕、鲜花盛开的西方极乐世界。这一方面展现出普通民众对来世的美好幻想，同时也是繁华似锦的唐代社会生活的写照。如172窟北壁观无量寿经变、103窟前壁维摩变、217窟西方净土变等；中晚唐的如196窟的劳度叉斗圣变、158窟的涅槃变。除经变画外，还有与现实社会有直接关联的画面。如130窟都督夫人太原王氏礼佛图和值得特别一提的156窟张议潮出行图。

安史之乱以后，敦煌曾一度为吐蕃人占领，848年，沙州（敦煌）将领张议潮率军起义，赶走吐蕃守将，奉表归唐，被封为河西节度使，驻守敦煌。其后开凿的156窟，特为此绘制了大型壁画张议潮和其夫人宋氏出行图。《张议潮统军出行图》高108厘米，横长138厘米。画中张议潮红袍白马立于中央，前有旌旗、鼓乐、舞者及文官武将开路，后有侍卫随从护驾，场面宏大，描绘生动细腻。

近年来，出土的唐墓壁画以陕西省最多。其中最精彩的是淮南王李寿墓、章怀太子李贤墓、懿德太子李重润墓、永泰公主李仙蕙墓的墓室壁画。

李寿乃高祖李渊的从弟，墓葬位于陕西三原县焦村。其壁画有出行、仪仗、狩猎、列戟等表现墓主人生前生活的情景，也有使女、杂役、牧羊、担水等日常生活场面。其中以《出行图》场面最大，共画24匹马、48个人，队伍严整，威风凛凛。王爷出行的排场与气势，得到了很好的表现。

李贤乃高宗李治的次子，并立为太子。后因反对武氏专权被贬为庶人，死于四川巴州。中宗继位后，迁葬乾陵（武则天陵墓位于陕西乾县），睿宗时追封其为章怀太子。其墓室壁画有50余组，总面积400平方米。其中《狩猎图》描绘太子打猎的盛况；《宾客图》描绘等待太子接见的外国使者和几个唐朝官员，呈现出一种友好和谐的气氛。《打马球图》真实、生动地再现了唐代盛行的打马球活动。打马球者身着窄袖袍，足蹬黑色靴，手持球棍，驱马抢球，场面生动而热烈。

李重润乃中宗李显长子，因窃议武则天，被杖杀于洛阳。中宗继位后，迁葬乾陵，追封懿德太子。其墓室壁画有40多幅，如《阙楼图》《仪仗图》《驯豹图》《架鹰图》《列戟人物图》《侍女图》等，从不同侧面表现了当时统治者的生活。

李仙蕙是中宗李显第七女，也是因窃议武则天被杖杀，后与李重润墓同时迁葬乾陵，追封永泰公主。其墓也有很多壁画，其中《宫女图》十分出色。此图描绘陪伴公主的侍女共16人，分两组一列排开，她们捧着各种器物，悄然而行，似乎怕惊醒公主的美梦，神态从容典雅，举止庄重文静。

以上唐墓壁画的作者，不可得知，据专家推断，很可能是宫廷画工中的高手。画中人物造型丰满，神态动作自然生动；用线准确，且圆浑有力；着色明净沉着，华贵而不俗艳，与我们看到和记载中唐代绘画的风格是一致的。这些壁画对研究唐代艺术、生活、习俗、服饰、制度等提供了极其宝贵的史料。

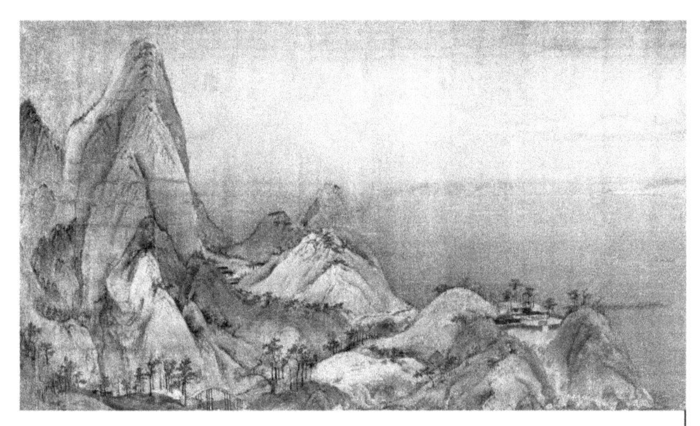

第六章

五代两宋绘画
（907—1279年）

907年，唐王朝灭亡。北方相继建立了梁、唐、晋、汉、周五个政权，与之并存的是10个封建割据政权，史称五代十国。在50多年的分裂和战乱中，地处资源丰富、风景秀丽的四川的西蜀和江浙的南唐，较少受到战争的破坏，经济文化相对繁荣，加上偏安小国皇帝的提倡，很多画家为避战乱，聚集在这里，产生了中国历史上最早的宫廷画院。绘画艺术一时间十分繁荣，出现了一批杰出画家，如黄筌（quán）、徐熙、董源、巨然、顾闳中、周文矩等。在北方，一些在唐末战乱中隐迹于山林的画家也开宗立派，著名的有李成、荆浩、关仝等人。

960年，赵匡胤统一全国，建立宋王朝，定都汴梁（今河南开封），史称北宋。到12世纪初，被北方的女真族政权金国灭亡。宋康王赵构逃至江南临安（今浙江杭州），建立政权，与北方金政权对峙，史称南宋。

宋代重文轻武，以科举入官的文人不断增多。宋初生活安定，历经战乱之苦的人们，渴求物质的丰裕和精神的享乐。园林、酒榭、勾栏瓦舍大兴，育花养鸟，游山玩水，成为士人和贵族的普遍嗜好。宫廷沿袭南唐与西蜀之制，建立了规模庞大的画院。许多院外画家竞相以卖画求生，文人士大夫则把书画看作高雅的娱悦工具，文人绘画随之兴起。佛教在唐末、五代遭到毁灭性打击，寺观壁画逐渐衰落；世俗生活和山水花鸟成为画家喜欢的题材。绘画的教化功能，不再被特别强调，而它的审美、寄情和娱悦作用则被空前看重。唐代以人物画和寺观壁画为主宰的格局，至宋代变成了以山水画、花鸟画和人间风俗画为大宗的格局。一批文人画家涌现，出现了绘画向诗歌汲取营养，追求诗情画意的新局面。在绘画技巧上，宋人总结并发展了唐五代时期的成果，使其更加精妙。在材料工具方面，则更加讲究。重彩画更加工整细丽，水墨画空前成熟，形成水墨画与重彩画并驾齐驱的形势。出现了范宽、郭熙、李唐、马远、夏圭、崔白、赵佶、李迪、李公麟等一大批杰出画家，以及像《清明上河图》《千里江山图》这样杰出的鸿篇巨制。

经过唐 、五代和宋代的民族大融合、大交流，辽、金、西夏政权的少数民族绘画也有了空前发展。存留至今的绘画作品，如胡瓌（guī）的《卓歇图》、耶律倍的《射骑图》、内蒙古通辽库伦旗辽墓壁画、河北宣化辽墓壁画、金人张瑀（yǔ）的《文姬归汉图》等都具有很高的水平。

从总体看，宋代绘画已不复有唐代绘画的雄健气势，但却更加精致、多样化，富于人情味和抒情性。更由于宏伟的庙堂壁画大多为可以把玩的卷轴画和纸绢小品所取代，使整个绘画创作与欣赏的结构也发生了巨大变异——雅俗分流。它标志着传统绘画进入了一个新时期。

第一节
描绘世俗人情

五代的人物画，上承唐代传统，向着世俗和写实的方面演化。有画迹流传至今的著名人物画家有周文矩、顾闳中、卫贤、王齐翰、贯休、阮郜等人。

周文矩，生卒不详，建康句容（今江苏句容）人。南唐后主李煜在位时，曾任翰林待诏。擅画宫廷人物、仕女，师法周昉。如现存美国的《宫中图》[①]所画宫女，从造型到情调都与周昉的仕女画相似，只是更加纤丽。明人张丑的《清河书画舫》说他"行笔瘦硬战掣"，出于李煜的书法用笔。周文矩存留下来的著名作品还有《重屏会棋图》（宋摹本）。此图纵40.3厘米，横70.5厘米，现藏北京

---

① 此图描绘81个人物，分12组。现存四段残卷，分藏于美国的克利夫兰美术馆、大都会博物馆、福格美术馆。

故宫博物院。[1]描绘南唐中主李璟与兄弟们会棋的情景。人物背后立一屏风，上画唐人诗意图，图中又有一山水屏，故曰"重屏会棋"。据清人吴荣光《辛丑销夏录》云："一人南面挟册正坐者，即南唐李中主像；一人并榻坐稍偏左向者，太弟晋王景遂；二人别榻隅坐对弈者，齐王景达、江王景逷（tì）。"所画人物情态，细腻微妙，富于个性。如不露声色端坐观棋的李璟，举棋不定若有所思的李逷，都被刻画得惟妙惟肖。用线曲折细劲，略带顿挫，一如记载中所说的"战笔"。因画中人物是当时的帝王，画家作画要格外经心，所以我们还可以把此图视为历史人物的肖像画。

卫贤，京兆人，亦是南唐后主时的宫廷画家，擅长人物和宫殿楼阁画，有《高士图》传世。此图纵134.5厘米，横52.5厘米，现藏北京故宫博物院。画梁鸿和妻子孟光相敬如宾、举案齐眉的故事。梁鸿乃汉代著名隐士，其妻孟光貌丑而性情贤淑。夫妻隐居霸陵山中，以耕织为业。梁鸿每次干活回来，孟光备好饭菜，举案齐眉送上，以表敬爱。卫贤的《高士图》将人物和房屋置于高山峻岭之间，构图严密，画法浑厚。尤其是下半部，怪石老树，青竹山

---

[1]　《重屏会棋图》还有另一摹本，现藏美国弗利尔艺术馆。

溪，环绕着院落屋宇，其中人物虽小但神态动作刻画入微。在追求人物与自然环境相结合方面，此画可谓成功的范例。

王齐翰，建康（今南京）人，是南唐另一著名人物画家，他是个多产的翰林待诏。宣和年间内府藏有他的100多件人物画，可惜，俱已散失，流传下来的只有一件《勘书图》。此图纵28.4厘米，横65.7厘米，现藏南京大学。表现一文人在勘书之暇，正挖耳自娱。他身着白袍，青髯飘洒，头微侧，闭左眼，挖耳搔痒的特殊神态，跃然纸上，妙趣横生。

五代流传下来最杰出的作品当数《韩熙载夜宴图》。此图纵28.7厘米，横335.5厘米，现藏北京故宫博物院，描绘南唐大臣韩熙载夜间宴请宾客的情景。

韩熙载（907—970年），山东北海人。出身于豪门世家。唐末进士，写得一手好文章。因战乱逃至江南，被南唐朝廷录用为中书侍郎。他曾有恢复中原的大志，但后主李煜对北方人多猜忌，甚至杀害他们。韩熙载为免遭不测，便纵情声色，以放浪颓废的生活来表示自己在政治上无所作为。是时，北方初建的宋王朝大有威胁南唐之势。李煜多次想起用韩熙载为宰相，但又听说他经常在夜间聚集宾客、歌伎饮宴玩乐，就暗地里派画院画家顾闳中夜至其家，"窃窥之，目识心记"，然后画成图画。这便是《韩

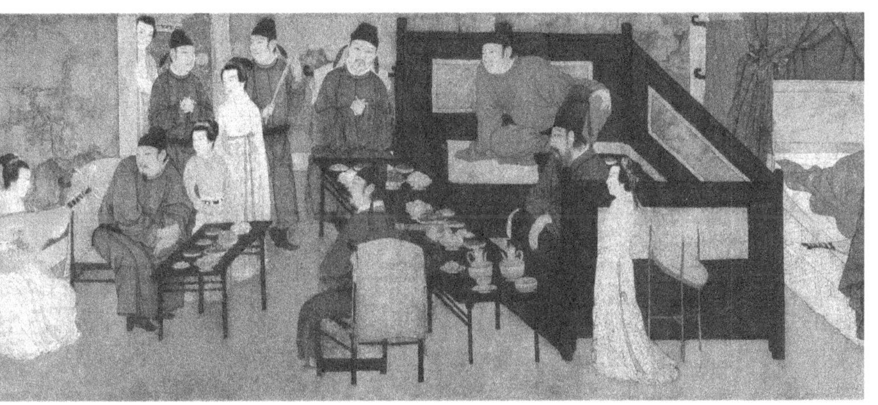

图 20　五代·顾闳中《韩熙载夜宴图》局部

熙载夜宴图》的由来。据说，后来李煜将此图赐予韩熙载，规劝他改变这种生活方式，但韩"视之安然"，照样恣情享乐，以"避国家入相之命"。

《韩熙载夜宴图》是一幅长卷式的连续画，作者巧妙地利用屏风将画面分成五段，每段表现夜宴的一个场面。第一段描绘的是韩熙载和宾客们在宴席上停杯倾听教坊副使（专管伎乐的官）李嘉明的妹妹弹琵琶的情景。盘腿坐在床上戴高帽者为韩熙载。他两眼凝视，双手松垂，似乎已被带入美妙的音乐境界。其他的宾客虽然坐姿各异，也都全神贯注地倾听着。尤其是那个着红袍的状元郎，忘情地向前探着身子，简直听得入了迷。第二段描绘韩熙载脱去外衣，挽袖击鼓，为舞伎王屋山表演"六幺舞"伴奏。众人有的打板，有的拍手，都和着鼓点，有节拍地动作着。在这里出现了一个和尚，他的头微低，并不正视舞女，双手抱于胸，好像是拍手，又好像是行合掌礼，表现出一种复杂的心情。第三段描写韩熙载击鼓后在另外一间屋休息的情景。他坐在床上正在洗手，脸上带着几分倦意和酒后的蒙眬。捧盆者是王屋山，床上坐着的四个女子当是韩熙载的姬妾。还有一侍女，扛着琵琶准备收置，另一侍女则托着装有茶点的盘子向主人这边走来。第四段描绘韩熙载休息更衣后听乐伎演奏管乐的场面。他身着便装，袒胸露腹，脱鞋盘腿坐在矮椅上，手挥纨扇，正悠然自得地对站在他面前的侍妾吩咐着什么。五位乐伎，一字摆开，坐在绣墩上，吹奏着。她们姿态各异，神情不同，有的专心吹奏，有的则注意着主人发出的每一个指令。再前者是一专心拍板伴奏的人，他身后另有一人回首似与屏风后的女子窃窃私语。第五段描绘韩熙载和宾客与歌伎们调笑的情景。曲终人散，韩熙载侧身而立，注视前方，一副空虚茫然的神情。另外两个宾客都正与歌伎们调情，他们身后并无背景，作者似乎在暗示这是在三个不同空间中的情景。

《韩熙载夜宴图》通过上述五个既有联系又可分割的画面，成功地再现了夜宴过程中的各种场面，出色地刻画出各种人物的身份、年龄、性格和精神状态。对韩熙载的描绘尤为突出。画家不仅描绘了他的放纵行为，还揭示出他在欢笑掩饰下的抑郁和苦闷。使人物画在情节描绘中又同时具备了肖像描绘的特点。全图工整、细腻，线描精确，生动而不飘浮。人物多敷朱红、淡蓝、浅绿、橙黄等明丽之色，室内陈设、桌几床帐多用黑灰、深棕等沉静凝重之色，两者相互衬托，既突出了人物，又赋予画面一种雅正的特色。

顾闳中（907—960 年），江南人，南唐画院待诏。擅画人物。据记载，除《韩熙载夜宴图》以外，他还画有《明皇击梧桐图》《山阴图》等。可惜已失传。

如果说唐代是中国人物画的第一个高峰，那么，两宋的人物画则进入了鼎盛时期。主要特征是题材广泛，表现方法和形式、风格多样化，以及画家人数众多。例如，武宗元、王居正、李公麟、张择端、李唐、肖照、梁楷、苏汉臣、李嵩等，都是自立新意的大画家。

李公麟（1049—1106 年），字伯时，舒州（今安徽舒城）人。神宗熙宁三年（1070 年）中进士，官至朝奉郎。1100 年，因病辞官，归隐故乡的龙眠山，自号龙眠居士。其父虚一，曾任大理寺丞、左朝议大夫，喜收藏，故家中古字画颇多。李公麟少时便经常观赏和临摹顾恺之、陆探微、张僧繇等人的画迹，"博学精识，用意至到"，并能"集众所善，以为己有，更自立意专为一家，若不蹈袭前人而实阴法其要"（《宣和画谱》卷七）。意思是说他能博采众家之长，又不重复因袭古人画法。功力深厚，自成一格。他精勤不倦，作画无一日间断。人物、鞍马、山水、花鸟无所不能，尤精人物。并发挥创造了淡毫轻墨，不施丹青而光彩动人的白描画法，[①]即单纯以轻重、曲直、刚柔、粗细等富于变化的线条去概括所画对象的形状和特征，大大地丰富了线描的表现性。这种画法，对后世的人物画产生了极大的影响。

李公麟的传世作品有《临韦偃牧放图》（藏北京故宫博物院）、《五马图》（藏日本东京国立博物院）。还有《维摩演教图》（藏北京故宫博物院）和《免胄图》（藏台北故宫博物院）传为李公麟的白描作品。

梁楷，生卒不详，祖籍东平（今山东东平），南宋宁宗嘉泰年间（1201—1204年）为画院待诏。为人放荡不羁，好饮酒，自号梁疯子。据说他才艺高超，从不受礼法约束。曾将宁宗所赐金带，挂在院中，扬长而去。梁楷能画人物、山水、花鸟，以画简笔泼墨人物最出色。如现藏台北故宫博物院的《泼墨仙人图》，用酣畅的泼墨表现出

---

① 唐代即有所谓"白画"，一般是指大画家起稿后，不再布色的画稿。

仙人的宽袍大袖和步履蹒跚的醉态，用寥寥数笔刻画出醉眼蒙眬的神情，笔意俱佳，令人拍案叫绝。又如传为梁楷所作的《太白行吟图》（藏日本东京国立博物馆），以飘逸简洁的用笔表现出诗人高傲、洒脱的气质。这种洗练、放逸的简笔画法，开人物画一代新风，对元、明、清，乃至近现代的写意人物画都有重要影响。

两宋时期，人物画家们的兴趣和着眼点也从帝王、贵胄、宫廷仕女转移到世俗生活中来，出现了大量反映世俗人情的作品。例如：张择端的《清明上河图》、王居正的《纺织图》、苏汉臣的《货郎图》、李嵩的《服田图》，以及佚名画家的《村医图》《杂剧人物图》《捕鱼图》《耕获图》《村牧图》等。其中张择端的《清明上河图》是最优秀的代表作。

《清明上河图》高24.8厘米，横528.7厘米，是一幅表现北宋都城汴梁和汴河两岸清明时节风俗世情的长卷。全图从左至右可分三大段。第一段描绘市郊景象。初春的清晨薄雾尚未散尽，在枝芽萌动的小树林内，有数间农舍掩映，农田初绿，阡陌纵横，赶集的人们和驮运货物的骡马，从各条道路向城里进发。在汴河码头停泊着数条大船，其中有一只装满粮袋，正有人在往返搬卸。顺着波光闪闪的汴河展卷看去，画面进入第二段。屋宇错落，古柳参差，临河的茶肆之中，桌凳俨然。河中船只来往不断。

一座精致的拱桥，宛若飞虹，将两岸勾通。行人熙攘，车水马龙，人声鼎沸，热闹非凡。有一艘木船正要穿过拱桥，桅杆已经放倒，船工握篙盘索。桥上桥下，有许多行人驻足观看这紧张的一幕。从人们张嘴挥臂的动作中，我们似乎听到了船工们吆喝的号子声和众人的惊呼喝彩声。下桥穿街，走过一座巍峨的城门楼，便来到最繁华的街市。这是第三段展示给我们的景象。这里酒楼茶肆、宅第

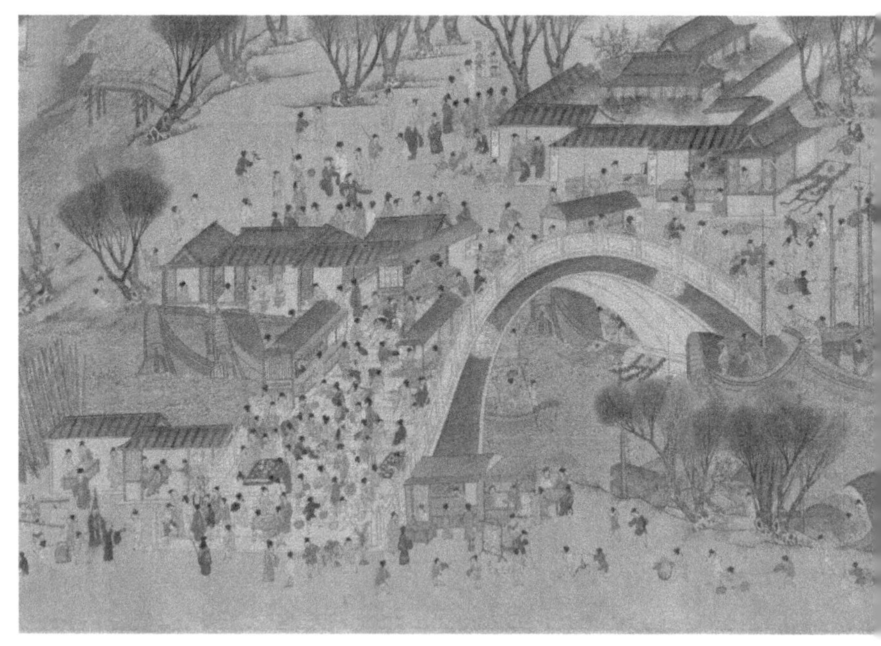

图 21　北宋·张择端《清明上河图》局部

店铺栉比，货物五光十色，种类繁多，市招高挂，买卖兴隆。街市上，士农工商、男女老幼，骑马的、乘轿的、购物的、叫卖的摩肩接踵，熙熙攘攘，真可谓"百家艺技向春售，千里农商喧日昼"，好一派繁荣昌盛的景象。穿过十字路口，再往前行，是否将临近汴京的皇宫重地？画面到此戛然而止，给观者留下了想象的余地。

《清明上河图》是我国古代绘画中一件伟大的现实主义杰作。无论在思想内容还是在表现技巧上都取得了不可低估的艺术成就。首先，它从题材的选择上跳出了古代人物画多以宗教和宫廷贵族生活为题材的窠臼，而着意于对现实生活中的各种现象，包括人际关系、风俗人情、桥梁建筑、道路交通、各阶层人士进行深入细致的描绘，使这件作品，不仅在绘画史上占有重要地位，同时也具有极高的历史价值，成为研究我国宋代社会各方面情况的极其珍贵的形象资料。再者，此图从郊外田野、汴河两岸，一直描绘到市井、街道，规模宏大，场面繁杂，作者却巧妙地利用鸟瞰的构图方式将这浩大繁复的场面妥帖地安置于横不过两丈、高不过一尺的画面上。在视觉上产生"方寸之内，百里之回"的宏伟气势。这不仅表现出画家概括生活和提炼素材的非凡才能，同时也说明画家运用传统"散点透视"的娴熟技艺。还应特别一提的是，此图在人物和景物刻画方面，达到了生动准确、惟妙惟肖的境界。据有关专家统计，全图共画人物550余名，各种牲畜五六十匹，不同车轿20余辆，大小船只20余艘，各种房屋30余幢。无论是状物还是画人，笔笔精到，一丝不苟。如那座精美而新颖的拱桥，描绘得真实而又合乎力学上的结构。画家还通过许多细节和情节的描绘对各阶层人物进行了具体生动、神情毕肖的刻画。画中人形不过寸，小者才一二分，但各色人等一应俱有，包括官吏士绅、商人市民、挑贩货郎、僧道医卜、乞丐苦力、船工轿夫、男仆女婢。他们或走或立，或问或答，或买或卖，或推或拉，或骑马或乘轿，或饮酒或品茶，或撑篙或拉纤……姿态生动，神情各异。这其中绝大多数是普通的劳动群众，表现出了画家对普通劳动者的极大关注和写实技艺的高超。观者可从中窥见丰富的世间生活情景，以及在繁华盛世掩盖下的豪奢闲散与贫困辛劳的强烈对比。另外，此图在笔墨技法上采取了以工带写，以写润工的方法，既不同于界画的刻板，又有界画之工整典雅；既有别于写意画的粗放，又兼有写意画的生动传神，形成了独特的风格。这种风格，对后代人物风俗画产生了深刻影响。

《清明上河图》问世以来，就成为历代帝王、权贵们竞相争夺的稀世珍宝，至明嘉靖年间还为此画大起冤狱，株连无辜。（此案原委可参见《明史·王忬传》。）后辗转流传，经历了不少公私鉴藏家之手，于1799年（清嘉庆年间）流入清宫内府。辛亥革命后，末代皇帝溥仪先后将此图携至天津、长春。抗战胜利后，这件珍贵文物才回到人民手中，现珍藏于北京故宫博物院。

《清明上河图》的作者张择端，字正道，东武（今山东诸城）人，大约生活于北宋末年至南宋初年。幼好读书，后习绘画，徽宗时进入翰林图画院。善界画，工舟车、人物街市、城郭。他的其他作品流传下来的极少，但只此一件《清明上河图》就使他青史留名，蜚声画坛。

两宋时期，历史故事画的创作也十分兴盛。历史好像一面镜子，历史画的创作源于画家对现实生活的认识，往往曲折、隐晦地表现了他们的观点与理想。如，李公麟的《免胄图》表现了唐代名将郭子仪脱去戎装，单骑出阵与回纥首领相见的大无畏精神；李唐的《采薇图》表现了商朝贵族伯夷、叔齐不肯降周，不食周粟，饿死首阳山的不屈气节；佚名作者的《折槛图》表现了西汉末年朱云攀栏直谏，刚正不阿的高尚人格，等等。在众多的历史故事画中，金人张瑀的《文姬归汉图》很有代表性。

《文姬归汉图》高29厘米，横129厘米，现藏吉林省博物院，是一幅有情节的历史人物画。画中的女主人蔡琰，字文姬，是中国古代著名的文学家。她自幼聪慧，通音律，善诗书。初嫁卫仲道，夫亡无子。后逢汉末大

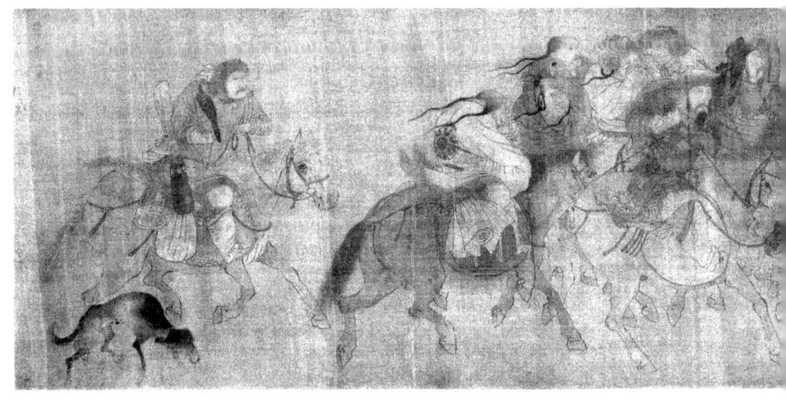

图 22 金·张瑀《文姬归汉图》

战乱，被虏往匈奴，嫁南匈奴左贤王。她在北地生活12年，并生下一双儿女。曹操珍惜文姬才华，遂派使者携重金相赎，接她归汉，令其继承父亲遗愿，重修《后汉书》。还汉后，嫁屯田都尉董祀。这样一个博学多才的女子，却少年丧偶，盛年陷胡，继则抛儿归汉，经历了人世间的种种痛苦。历代文人、艺术家常以她为题材，写诗、作画，寄托种种情思。《文姬归汉图》描绘的正是这个历史故事。展卷望去，骑马走在最前面的是一汉兵，他低头耸肩，本应举着的汉家圆月旗，半卷着扛在肩上，看来这一队人马已在逆风中走了很久。后面一组是骑在黑马上的蔡文姬和两个在地上行走的牵马人。两马童一手牵马，一手缩在袖筒里放在嘴边哈气取暖，可见

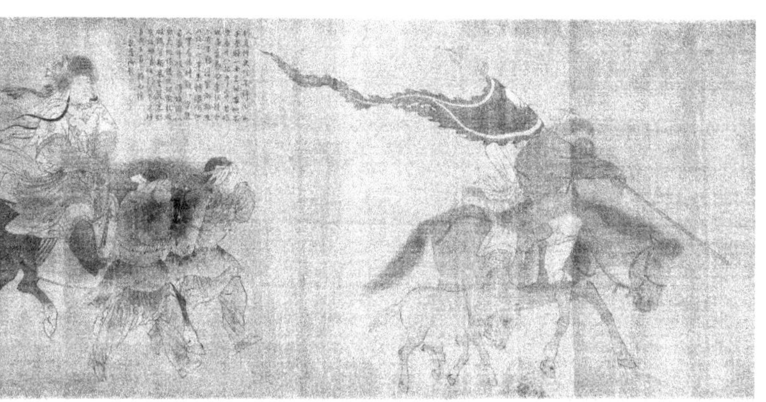

天气之寒冷。文姬头戴貂冠，身着胡服，足蹬长靴，双手揽缰。衣襟发带向后飘动，分明是在顶着寒风行进，但她仍然直腰挺身，抬头凝视前方，严肃端庄，一副坚定、急切欲归的神情。再后面是一组随行的胡、汉官员。为首的两人中，那头带帻巾、手持团扇欲遮面者，可能是曹操派去的使者；另一戴皮帽，身体前倾，双手勒缰者，似为匈奴护送的官员。有五人紧随其后，他们皆匈奴装束，骑在马上，大都缩头掩面，似在躲避那凛冽寒风和扑面而来的尘沙。最后是一胡兵，右手架鹰，左手持缰，策马急行，后面还有一猎狗相随。此画没有背景，但从人物的动作、神情中已经使我们感到了那"朔风冲天起，砂砾自飞扬"的行旅环境。

要将文姬归汉这个悲欢离合的历史故事表现在画面上，只能选取诸多情节中的一个共时性镜头。作者在这方面是颇具匠心的。他既不表现与儿女离别的悲苦，也不描绘归国后忽见故人的百感交集，而是择取了在归途中顶着风沙行进的场面。构图上，作者将蔡文姬安排于画面中间靠前的位置，在牵马人的衬托下，显得十分突出。蔡文姬昂首挺胸的动态，坚定向前的神情，与随行者躬腰耸肩避风的神态形成对比。这样，既表现出了那恶劣的行旅环境，也反衬出蔡文姬在苦难中磨炼出的坚毅性格，和急切欲归的心理状态。

此图上角有"祇应司张□画"字样。祇应司是金章宗泰和元年（1201年）设置的"掌给宫中诸色工作"的一个机构。张字后面模糊不清的字，经郭沫若先生诠定为"瑀"。从画面看，人物马匹的造型生动而准确，用笔雄健刚劲，用线挺拔流畅，且富于变化。着色淡雅而细腻，明显是学习和继承了唐宋名家吴道子、韩幹、李公麟等优良的绘画传统。

另有一件署名宫素然①的《明妃出塞图》（现藏日本大

---

① 宫素然，生卒不详，史料记载极少，只从《明妃出塞图》题跋中得知，她是贵州镇远女道士，或为南宋初年人。

阪市美术馆）与这幅《文姬归汉图》在所画人物、章法、画法上基本相同。两者究竟是同一稿本，还是其中之一为祖本，其内容究竟是文姬归汉还是明妃出塞，在美术史界尚有争议，有待进一步考证。

第二节
水光山色与人亲

中国的山水画，在盛唐时期已颇具特色，可惜他们的画迹已不可睹。五代、宋初是山水画大发展的时期，产生了许多影响深远的山水画大家。例如荆浩、关仝，他们根据对北方真山真水的感受，采取"远取其势，近取其质"的表现方法，画气势磅礴的全景山水，例如荆浩的《匡庐图》、关仝的《山溪待渡图》《关山行旅图》等都是如此。生活在南方的董源、巨然则专画江南一带的水光山色。

董源，字叔达，钟陵（今江西南昌）人，生活在10世纪，被后人称为南派山水画的创始人。作品有《夏山图》《夏景山口待渡图》《龙宿郊民图》《潇湘图》等。其中《潇湘图》最能代表他的绘画风格。

《潇湘图》高50厘米，横141厘米，现藏北京故宫博物院。图中，苍茫的山峦起伏连绵，平远而深幽。宁静的江水傍依着交横的洲渚，曲曲弯弯伸向远方与天光相连。山坡上有茂密浓郁的丛林，滩涂浅水之间有俯仰多姿的芦苇。河右岸，数人在奏乐、吹打，似在迎接向岸边驶来的小船。船上六人，有朱衣者坐于伞下，大概是被迎接的贵人。河对岸，有许多渔民正在撒网，另一侧还有一小舟荡于水中。画中人物虽细小如豆，细细看去，却各具姿态。观此图，好像置身于湿润多雨的江南幽境，使人产生超乎尘世的联想。

此图水墨淡着色。山石用披麻皴法，山顶多用花青水墨小圆点点簇，成功地表现出江南山水苍茫、浑厚的特色。人物用鲜艳厚重的粉白、青绿、朱砂等点画，在清幽淡远的水光山色之中，非常醒目，但并不喧宾夺主。

汤垕的《画鉴》把董源、范宽、李成，称为北宋初年的三大家。董源画草木葱茏、风雨迷蒙的江南景色，李成画平远萧疏、烟林清旷的齐鲁风光，范宽则画峰峦浑厚、势壮力强的关中山川。三家三种风格，均有"百代标程"之誉。这标志着中国山水画发展到了高峰期。

李成（919—967年），字咸熙，唐宗室后裔，长安人，五代时避乱流寓北海营丘（今山东临淄），人称"李营丘"。山水画初师荆浩、关仝，后隐居山林，师法自然。他画的平原寒林，最为潇洒清旷。笔法洒脱，墨法精微，形成一种文秀风貌。李成的真迹在宋代已不可多见。目前，唯有现藏日本大阪美术馆，与王晓合作的《读碑窠石图》传为李成所作（一说为宋人摹本）。

范宽，字中立，一说名中正，华原（今陕西耀州）人，生卒不详，大约生活于11世纪初年。据《宣和画谱》记载，他"风仪峭古，进止疏野，性嗜酒，落魄不拘世故"。开始学李成的画法，后来他领悟到，绘画不能单纯摹仿别人，而应面向大自然，表现画家的主观感受与情思。于是，他迁居于终南、太华诸山，深入观察四时景物在日月阴晴、云雾雨雪中的变化，有感于心，便发于笔端，终于创造出自己的独特风格。

范宽的传世作品有《溪山行旅图》《雪山萧寺图》《雪景寒林图》《临流独坐图》等。《溪山行旅图》是他的代表作。徐悲鸿曾说："中国所有之宝，故宫有其二，吾所最倾倒者，则为范中立《溪山行旅图》。大气磅礴，沉雄高古，诚辟易万人之作。"

《溪山行旅图》高206.3厘米，宽103.3厘米，现藏台北故宫博物院。图中正面有一大山突兀而起，巍峨雄峻，密林布于峰顶，更增加其苍茫浑厚之感。飞流如线，千尺直下。山岚雾霭回荡于峰峦丘壑之间，拉开了主峰与近景的距离。细观近处，大石盘结，古木葱郁，幽暗中见层层深厚。山溪如注，从磐石中汩汩而出。行人赶着驮运货物的马匹，在起伏蜿蜒的山路上行进，他们的出现，不仅衬托了山川的雄奇，也给画面增添了活泼的气氛。

《溪山行旅图》的特色有三。其一，采取全景式近镜

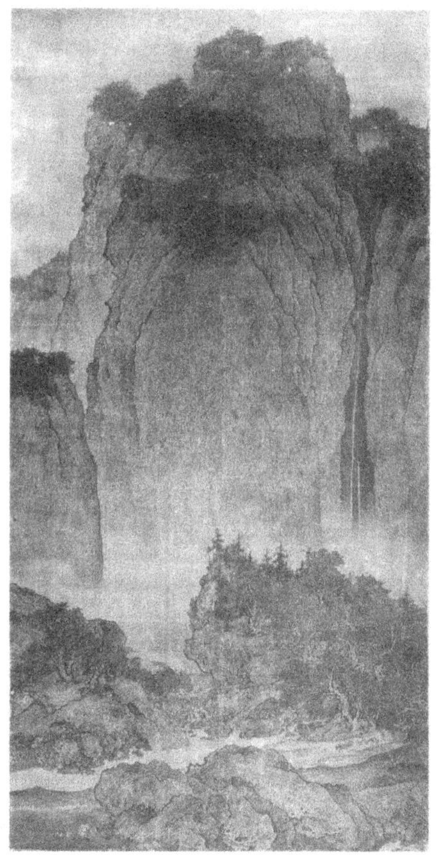

图 23 北宋·范宽《溪山行旅图》

头构图，让主峰正面矗立，占据整幅画面的2/3，造成视觉上的逼人之势。其二，用笔坚实有力。山石树木，全用短条子皴和点簇、抢笔（一种用笔的方法，由蹲而斜上急出为抢）之法画成。笔笔严谨、扎实，不加渲染，成功地表现出山石质地的坚硬感，真实地再现了北方山水雄强、苍劲之风神。其三，巧妙地利用细节描绘，如山溪、驮马、行人等，创造了一种可观、可游之情境，使观者如闻其声，如临其境。宋代画家文同看了范宽的画后，曾这样描述自己的感受："孤峰露苍骨，疏木耸坚干，高堂挂虚壁，爽气来不断。"

北宋中晚期，著名的山水画家还有郭熙、王诜（shēn）、米氏父子和王希孟等。

郭熙（1023—约1085年），字淳夫，河南温县人。宋神宗时入官为画院艺学，因画艺超群，后升至翰林待诏直长。画山水师法李成，又能博采众长，奠定了他个人风格的基础。与此同时，郭熙又十分注重观察自然山川的四时变化和晨昏景色给人的独特感受。他还极为重视营造画面意境，因之在他的笔下，无论是高山峻岭的鸿篇巨制，还是树石历历的平远小景，都是优美的"可游可居之境"，表现出当时文人渴慕林泉、与自然相亲的思想意愿。郭熙早年画风细致秀美，晚年趋于雄壮。画山石多用"卷云皴"和"鬼脸皴"，画树枝如蟹爪下垂，笔势雄健。郭熙不仅能画，还深入研究画理。他的绘画主张和实践经验，由其子郭思整理成书，名曰《林泉高致集》。全书分水训、画境、画诀、画题、画格拾遗、画记六篇，是中国最重要的山水画理论著述。其中涉及人与自然的关系、画家人格的修养，如何创造生动优美的意境、山水画的章法结构和笔墨技巧等多方面的问题。如，高远、平远、深远的"三远"理论以及"春山淡冶而如笑，夏山苍翠而如滴，秋山明净而如妆，冬山惨淡而如睡"等精彩论述，对后代山水画有很大影响。

郭熙的现存作品有《早春图》《窠石平远图》《关山春雪图》等。现存台北故宫博物院的《早春图》，纵158厘米，横108厘米，画于1072年。气势之雄伟可与范宽的《溪山行旅图》并驾齐驱。其中勃发涌动的情致，又是范宽作品中所没有的。它描绘早春时节的清晨山景：还未散尽的雾霭，轻轻地浮动于山峦之间；还不曾发芽的树木，舒展着枝丫，似乎在等待着和煦的阳光；山石被不知来自何方的神秘之光照亮，于明暗闪烁中，产生一种升腾欲动的感觉；山溪涓涓，浅水潺潺，又有行旅待渡的人物穿插其间，于清秀润泽中，表现出万物复苏，一片欣欣向荣的景象。

米氏父子的山水画，别开生面，更富文人情趣。米芾（1051—1107年），字元章。祖籍太原，后迁居襄阳。

宋徽宗时曾为画学博士，官至礼部员外郎。其子米友仁（1074—1153年），字元晖，高宗时官至兵部侍郎、敷文阁直学士。米氏父子画山水宗法董源，又根据自己对江南山水的独特感受，信笔画去，不求工细。以浓淡不同的墨点，表现烟雨迷蒙的意趣。他们不再以形象的真实感作为绘画的宗旨，正所谓"至两米而画法大变，盖意过于形"。疏松、洒脱的"米点"皴不仅是水墨山水画技法上的一种变异，还开创了文人画的一代新风。可惜，米芾山水画的真迹已不存。米友仁的传世作品尚有《潇湘奇观图》（藏北京故宫博物院）、《云山图》（藏日本大阪市美术馆）。

在宋代，承袭李思训格体的青绿山水画，最出色的作品是王希孟的《千里江山图》。此图纵51.5厘米，横1191.5厘米，现藏北京故宫博物院。画中山峦起伏，江河浩荡，在将近12米的长卷上展现出千里山河的辽阔和壮美。山水之间有村落房屋、桥梁楼阁、渔舟客船、飞鸟车马、行人渔夫，内容丰富而有情趣。画家将这些景物安排得高低得当、远近相间，虚实相生、浓淡相宜。虽然以鲜艳的石青石绿染色，但凝重而不浮艳。总体看青山绿水开阔辽远，气势非凡，局部看山水树石、人物马匹又刻画得十分精细入微。尤其是那波光粼粼的河水，描绘得很有光感，似乎这一切都沐浴在和煦的春风和明媚的阳光中。

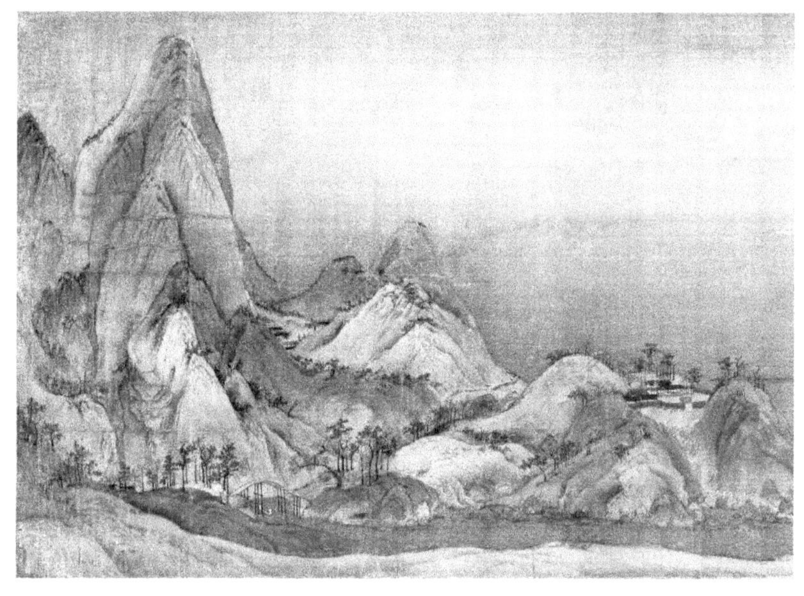

图 24 北宋·王希孟《千里江山图》局部

　　此图原无作者款印，从后纸隔水上当时宰相蔡京的一段题跋可知，这幅画是政和三年（1113年）四月八日皇帝赐给蔡京的。作者是画院学生王希孟。题中记云："希孟年十八，昔在画学为生徒，召入禁中文书库，数以画献，未甚工。上（指宋徽宗）知其性可教，遂诲谕之，亲授其法，不逾半岁，乃以此图进，上嘉之，因以赐臣京，谓天下士在作之而已。"据说，王希孟完成此图后不久便病死，只有此一件巨制杰构留传于世。

　　山水画发展到南宋，又获得了新成就。画史称"刘、李、马、夏又一变也"，指的就是刘松年、李唐、马远、夏圭这四个南宋画家对山水画的突破和变异。马远的《踏歌图》可看作这种新风格的代表作。

　　《踏歌图》是一幅有人物情节的山水画，高191.8厘米，宽104.5厘米，现藏北京故宫博物院。此图上半部画数峰峭拔，古木参差，都门遥遥，云烟掩映。近处的山湾里，巨石坚硬，草木初荣，柳枝挺拔，新篁摇曳，溪水潺

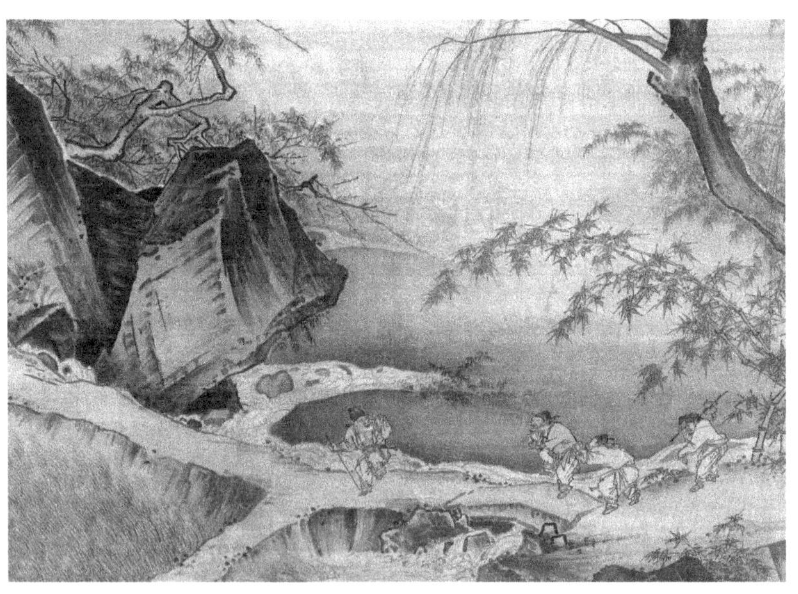

图25　南宋·马远《踏歌图》局部

潺，小路弯弯。田垄溪桥边，有几个农民欢娱地踏着节拍，边走边唱。他们似乎有几分醉意，前面的一个须发花白，手拿短杖作回头状，似与桥上那个右腿抬起，双手打着节拍的农民相互唱和。后面两人也合拍而歌。在田垄的前方，有两村童回头看着他们，顽皮地嬉笑。如此这般的快乐，是去参加节日的盛会，还是酒足踏歌而归？此图上方有"宿雨清畿甸，朝阳丽帝城。丰年人乐业，垄上踏歌行"的题句。传为宋宁宗的皇后"杨妹子"所书。这显然是帝王们以此来标榜南宋偏安一隅的繁荣太平，画面上洋溢着歌舞升平的欢乐气氛。

《踏歌图》在构思、构图以及笔法、墨法上都很有特色。首先，它不像其他山水画那样将人物画得很小，只起点缀作用，在人物的处理和刻画上，功力颇深。笔墨简练，但动态神情却具体生动，并与奇峰异景相呼应，创造了一种欢乐、融洽的有情之境，将描写山水与表现世情风俗巧妙地结合在一起。在构图上，一改北宋大山大水的全景式构图方式，择取大自然中最美的一角，提炼概括，精心安排，着意刻画，并十分注重空间的处理。画中远景简淡清旷，中景和近景则结实凝重，对比强烈，显示出无限广阔的空间意象。在用笔运墨方面，也改变了北宋山水画多用的"短条子""抢笔"的皴法，而以水墨苍劲的"长斧劈皴"和起笔方平、收笔尖长的"钉头鼠尾"皴画山石，线面并重，层次分明，似有光感，成功地表现出浙西南一带峭拔坚硬的山石特色，给观者一种鲜明、爽快、刚健苍劲之感。

马远，字遥父，号钦山，祖籍河中（今山西永济），生长在钱塘（今杭州），生卒不详，1190—1224年为南宋画院待诏。其祖父、伯父、父亲、兄弟都是画院画家。马远承其家学，以擅长山水、人物、花鸟独步一时。他的突出成就是能取各家之长，结合自己对大自然的观察与生活感受，创造了山水画的一种新语汇和新格局。其画风对后代，尤其是明代的浙派产生了深远影响。马远的传世作品还有《水图》《雪图》《楼台夜渔图》《寒江独钓图》《探梅图》等。

第三节
野花珍禽并入画

中国花鸟画的形成，比人物画和山水画要晚。据画史记载，唐代中晚期就有许多以画花鸟画名噪一时的画家，如薛稷、边鸾、滕昌祐、刁光胤等。虽然他们的作品已荡然无存，但从记载看，当时的花鸟画已摆脱了人物、山水画的陪衬地位，独立成科。至五代，花鸟画迅速发展，出现了中国花鸟画发展的第一个高峰。产生了以黄筌父子为代表和以徐熙为代表的两个主要派别，画史上所谓"黄家富贵，徐家野逸"说的就是他们绘画风格上的差异。

黄筌和其子黄居寀（cǎi）、黄居宝，都是西蜀画院画家。他们多画珍禽瑞鸟、奇花异石，使用工细的双钩填色画法，画面浓艳富丽，很符合宫廷贵族的欣赏趣味。后来被北宋宫廷画家奉为规范，其画风延续百年之久。黄筌的真迹流传至今的有《写生珍禽图》，它纵41.5厘米，横70厘米，现藏北京故宫博物院。画中有十几种虫鸟和两只乌龟，描绘工整而真实。下方有"付子居宝习"五字，可能是给儿子居宝用的稿本。

徐熙是个江南文人，性情宁静淡泊，专门画江南的汀花、野竹、小鸟、鱼虫。粗笔浓墨，略施杂彩，色不碍墨，不掩笔迹。到北宋以后，徐熙之孙徐崇嗣将这种画法演变成没骨法，名声大震。可惜，徐熙的真迹已不存。

入宋后，有相当长的一段时间，黄氏画风左右花鸟画坛。到了北宋中叶，出现了赵昌、易元吉、崔白等重视写生的大画家，把花鸟画又提高到了一个新阶段。

赵昌（？—1016年），字昌之，四川广汉人。相传他学画从写生入手。每天清晨，趁露水未干，就到花圃中对花写生，并自称"写生赵昌"。他画的折枝花卉，具体真实，被称为"旷代无双"。有《写生蛱蝶图》（现藏北京故宫博物院）传世。

易元吉（1001—1065年），字庆之，长沙人。开始亦画花果，后见赵昌的画，受到启发，立志要摆脱前人的窠臼，另辟蹊径。于是，他进入深山野林，数月不回家，观察猿猴獐鹿的生活情况，并认真作记录。后来，他又在屋后凿池，布置山石，种上花草竹芦，驯养水禽山兽，以便经常观察它们的游息姿态。经过一番努力，易元吉的花鸟走兽画赢得了前人未曾得到过的声誉。如，宋代著名诗人秦观在《观易元吉〈獐猿图〉歌》中有句云："易志笔精湖海推，画意忘形形更奇。"据说，皇帝曾令他在开先殿的西壁画百猿图，并预付他材料费，不幸"画猿才十余枚，感时疾而卒"。相传有《百猿图》，可惜今已不可见。只有现藏日本大阪市美术馆的《聚猿图》和现藏台北故宫博物院的《猴猫图》传为易元吉所作。

崔白，字子西，濠梁（今安徽凤阳）人，生卒不详，大约生活在11世纪。据记载，他博学好古，性格疏放，很有才华。除精通花鸟画外，还能画人物走兽。熙宁年间（1069—1077年），宋神宗曾命崔白及其他三个画家，共画垂拱殿屏风，崔白画得最精彩，故他被任命为画院艺学。然而，崔白性情疏阔，放纵惯了，不愿在画院受束缚，竟坚辞不受。后来神宗许他"非御前有旨，毋与其事"才勉强就职。当时画院中的花鸟画，大多沿袭"双钩填彩""富丽工巧"的黄氏画风，而崔白却能在吸取前人成就的基础上，更加深入地对物写生，大胆地创造出了清淡疏通、活泼自然的新风格。崔白的传世作品有《双鸟戏兔图》《寒雀图》《竹鸥图》等。

《双鸟戏兔图》高193.7厘米，横103.4厘米，现藏台北故宫博物院。它描绘的是深秋景色。土坡上霜叶飘零，树竹摇摇，衰草萧萧。两只山鸟，一栖于树，一飞于天，在寒风中喳喳地鸣叫，似乎在说，冬天将来临，未能营巢，无处栖身，如何是好。它们的叫声使一只出洞觅食的野兔，吃惊地扭着头观望……这一切是那样真实生动而富有情趣，给这萧索的秋色，增添了生命活力。画中的双鸟和野兔，造型准确，姿态生动，以工细有力之笔画成；枯枝衰草则采用比较奔放灵活的半工半写和小写意的画法。设色清淡，少用浓艳之色，使画面显得更加疏旷。较之宫廷趣味的黄氏画风，崔白对野景野趣，倾注了更多的热情。他更善于描绘运动中禽鸟、花草的姿色，因而也更富有生活情趣。

北宋亡国之君徽宗赵佶酷爱书画。他在位25年，政治上昏庸无能，面对金兵的入侵，束手无策，1125年让位给他的儿子钦宗赵桓，自称"太上皇"。次年11月，汴京陷落，他和赵桓及宗族后妃等3000人被虏至金，受尽侮辱，1135年囚死于五国城（今黑龙江依兰县）。

赵佶是个不称职的帝王，却是个著名的艺术家。他从小酷爱书画，继位前就与当时一些著名画家相亲近，并深受他们的影响。继位后，对绘画书法的爱好，也远远超过了对国家军政大事的关心。他集古今名画一万多件，编纂为《宣和睿览集》，敕编《宣和画谱》20卷，完善了翰林图画院的建制，亲出考题，招考绘画人才进入画院；他还经常亲自督导创作，提倡写生，等等。作为一个帝王，这样身体力行，对宋代绘画艺术的繁荣和发展，是起了一定作用的。赵佶多才多艺，爱好文学，喜欢填词，精于书画，他的艺术成就是多方面的。对不同风格的绘画，能兼

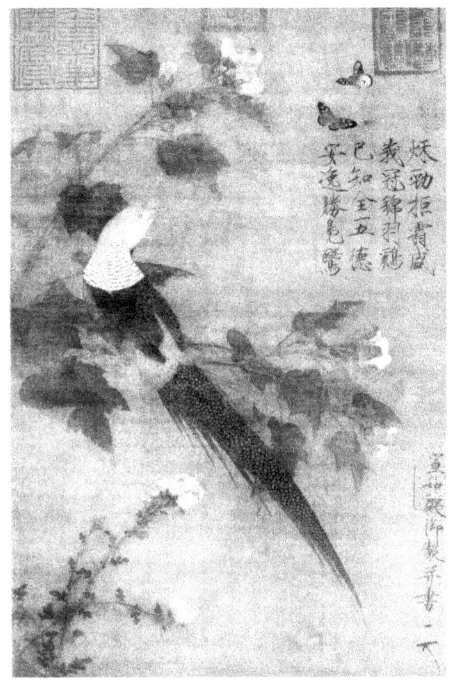

图 26　北宋·赵佶《芙蓉锦鸡图》

收并蓄，其作品也常常表现出迥然不同的风格。从流传下来的作品看，他的花鸟画有色彩斑斓、富丽华贵的画院风格，也有以墨为主、朴拙洗练的山野情趣。《芙蓉锦鸡图》就是他前一种风格的代表作。

《芙蓉锦鸡图》高81.5厘米，横53.6厘米，现藏北京故宫博物院。一只美丽的锦鸡，落在木芙蓉的枝上，压得枝叶微弯、娇花摇曳。它立足未稳就被一对翻飞起舞的彩蝶吸引，回首凝视。左下角有几枝耐霜的小菊花，迎风怒放。在这咫尺画幅中使人感受到自然生命的情趣。此图采用双钩填色的工笔画法，以精练的笔墨，准确而生动地描绘出花鸟的姿态和神情；设色艳丽而精致，呈现出雍容华贵的艺术风格。赵佶在这幅画的左上方题五言绝句一首："秋劲拒霜盛，峨冠锦羽鸡。已知全五德，安逸胜凫鹥。"诗中赞扬了锦鸡具备儒家的五种品德，想以此美化赵家王朝的太平盛世，并无可取之处。但是，他那纤劲刚健、矜持飘洒的书法却自成一体，被人称为"瘦金体"。右下角有"宣和殿御制并书"的字样。下面是他特有的"天下一人"四字拼合在一起的草书签押。它已成为识别赵佶作品的特殊标志。

在艺术创作上，赵佶提倡"写生"，注重"法度"，要求"形神兼备"。在宋人邓椿写的《画继》中有这样的记载：龙德宫初落成，许多画院高手画的壁画都未能引起赵佶的重视，唯独殿前廊柱拱眼上画的一枝月季得到了他的赏识。原因是他通过认真观察得知，月季花在四时朝暮中，其花、蕊、叶都不相同，而这枝月季画的正是春季中午时候的形态，真实而生动。赵佶在绘画艺术上能独树一帜，取得显著成就，恐怕与他注重观察事物、感受生活有重要关系。

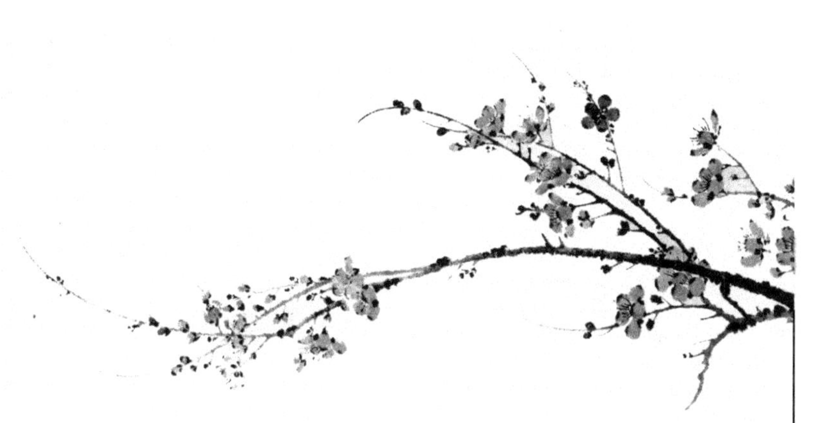

第七章

元代绘画

（1271—1368年）

13世纪初，蒙古族崛起，灭金和南宋，建元朝。中国封建社会经过宋、辽、金、元之间的长期战乱，开始走向衰落。元朝统治者入主中原，一方面实行民族歧视政策，一方面又利用和扶植汉民族文化，发展中外经济文化交流。在这一充满矛盾的特殊的历史环境中，这个朝代的绘画艺术发生了转折性的变化。

在元代，士大夫文人从事绘画的人数骤增，这既是宋代文人画思潮的延续与扩大，又是元代知识分子的特殊境遇和心态造成的。水墨山水和梅兰竹菊"四君子"画空前繁盛，人物画和花鸟画相对逊于宋代。元初画坛领袖赵孟頫提倡唐和北宋风格，贬斥南宋院体画的纤柔，画家们竞相响应。山水画出现了以董源、巨然为宗的南派，和以李成、郭熙为宗的北派，以及钱选、高克恭这样的著名画家。继而，黄公望、倪瓒、吴镇、王蒙四位山水画家，为创造独特的时代风格做出了贡献。在花鸟画和"四君子"画领域，王渊、李衎（kàn）、柯九思、王冕等高手名震一时。元代佛道壁画并不亚于两宋，留存至今的山西永乐宫全真教壁画，足以雄视千古。

元代绘画以卷轴为主，且多用纸，不像宋画那样主要画在绢上。纸的渗透性强，画家们为了适应纸的性能与长处，充分发挥了渴笔的功能。尤其在山水画中，笔法空前丰富，致使元画比宋画更能表现物象的多种质量感和艺术家细腻的感受。此外，宋人崇尚以诗意入画，元人崇尚以书法入画，前者强调空间和情趣的变化，后者强调笔情墨趣的形式感，从绘画自身来看，元画向完满性大大跨越了一步。

第一节
笔墨情趣

以书法之笔入画，追求笔墨情韵的时尚，使元代山水画的面貌发生了转折性的变化。中国山水画又进入了一个新阶段。元初的赵孟頫在这种变革中起了重要作用。

赵孟頫（1254—1322年），字子昂，号松雪，江苏吴兴人，是宋太祖赵匡胤的11世孙。宋亡后居家自力于学。后来有人将他推荐给元世祖忽必烈，受到格外器重，官居一品。忽必烈死后，他感到汉族官员受到排挤，便引退南归。居官期间，曾提出过一系列缓和民族矛盾、发展汉民族文化的建议。在艺术上他是个多才多艺的书画家，山水、人物、鞍马、花竹和书法样样精通。在他的影响下，妻子管道升以画竹闻名，弟孟吁画人物花鸟甚佳。子仲穆、仲光，孙赵凤、赵麟，外孙王蒙等都是著名的画家。

在绘画理论上，赵孟頫主张"书画同源"。例如，他在《秀石疏林图》后题："石如飞白木如籀（zhòu），写竹还于八法通；若也有人能会此，方知书画本来同。"意思是说，画石头用飞白笔法，画树木用篆书笔法，画好竹子要精通八种基本笔画的写法；能做到这些，就会明白书法用笔和绘画用笔的原理是相通的。因此积极倡导将书法中的中锋、侧锋，运笔的疾徐、顺逆、转折、顿挫等方法，融入绘画。"书画同源"还有一层意思是，优秀的书法作品，都反映了书家的学识、修养、人品等内在素质。绘画也不应把形似看成唯一的目的，更重要的是通过笔墨韵味来表现画家的学识、品格和思想感情。这种理论促使文人画家，更加有意识地去追求笔墨情趣，进而丰富和发展了山水画的表现方法，并促成了个人风格的多样化。赵孟頫的另一主张是，提倡作画要"存古意"。他反对用笔纤细、设色浓艳、风格柔媚的南宋院体画风，要求作画力追唐、五代、北宋遗风，并在创作实践中身体力行。明人董其昌评论赵孟頫的画是："有唐人之致去其纤，有北宋之雄去其犷。"他的艺术主张和画风在元代画坛乃至明、清两代产生了深远的影响。

赵孟頫的作品有两个特点，一为工整，一为疏放。工整缜密画风的代表作是《秋郊饮马图》。此图高26.4厘米，横100厘米，现藏北京故宫博物院。描绘的是在秋日郊野牧马的情景。近景画一湾清澈的湖水，岸边的秋林中走来一群骏马。中景是辽阔的原野。远处还有疏林坡岸依

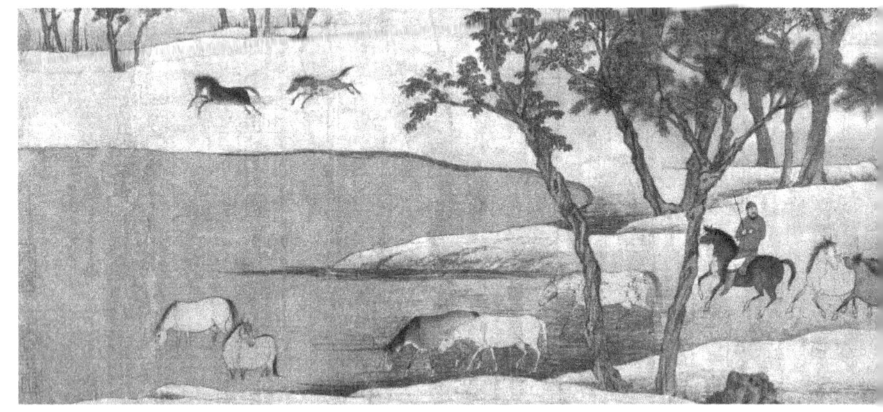

图 27 元·赵孟頫《秋郊饮马图》

稀可见。画中近、中、远景层次分明，树木、马匹、人物比例得当，有深远的空间感。《秋郊饮马图》继承了唐、宋绘画传统，用线圆润细劲，但又富于变化。设色秀丽、典雅，细节描绘具体入微，但整体效果却简括而静穆，有古朴博大的气魄。

最能体现赵孟頫绘画水平的是山水画。例如《鹊华秋色图》《水村图》《重江叠嶂图》等，其中《鹊华秋色图》是他疏放画风的代表作。此图高28.4厘米，横93.2厘米，现藏台北故宫博物院。描绘的是今山东境内鹊山和华不注两座山秋天的风光。鹊山缓缓隆起形如草帽；华不注山平地拔起，直立峻峭。两山之间是平坦的原野。疏落的秋

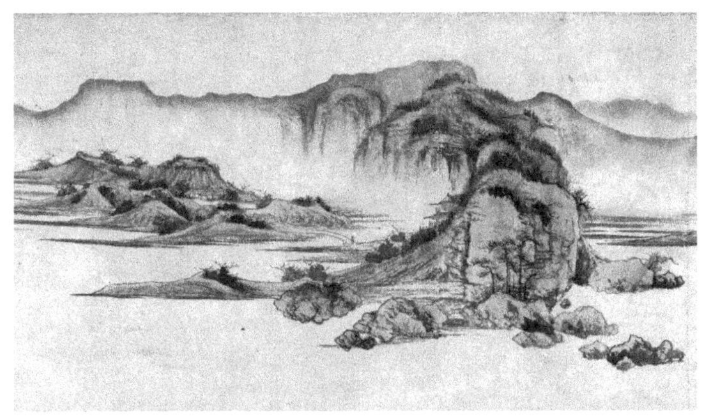

图 28 元·赵孟頫《重江叠嶂图》局部

林，掩映着数间茅舍，河滩上还有张网的渔人。景色平静淡薄，其中树木山石、坡岸苇草，不像宋画那样追求形似和质感，而是用潇洒、松动、干湿相间之笔写出，别具一种清幽淡远的韵味。

赵孟頫虽然极力提倡以书笔入画和向古代绘画学习，但他并没有忘记观察对象，师法自然。他曾说："久知图画非儿戏，到处云山是吾师。"正是这种认真观察，深入体验的精神才使他获得了巨大成就。

受赵孟頫的直接影响，在山水画方面宗法董、巨，融化李成，成就最高的元代画家，当数黄公望、吴镇、倪瓒、王蒙。他们被后人称为"元四家"。

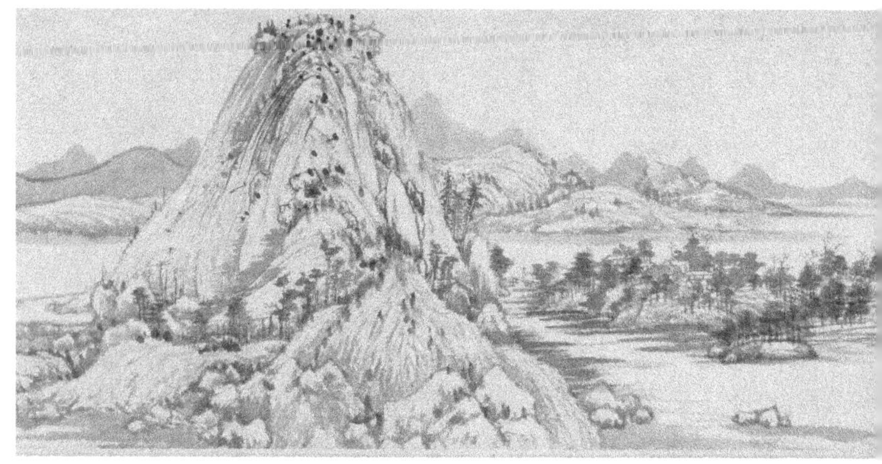

图 29 元·黄公望《富春山居图》局部

黄公望（1269—1354年），江苏常熟人。本姓陆，名坚。因父母早逝，过继给黄氏老人为义子。当时黄氏年已九旬，乍得子嗣，喜出望外，给他起名曰黄公望，字子久，以谐"黄公望子久矣"的意思。黄公望自幼聪慧，勤于学习。成年后，曾做过察院文吏和征收田粮一类的小官，后来受累于权豪们贪污舞弊，被诬入狱。出狱后改号"大痴"，再无意于功名，遂放浪江湖。50岁左右才专心从事山水画创作，至90多岁高龄，仍不辍笔，终于形成自己的风格。他的作品有《九峰雪霁图》《江山览胜图》《快雪时晴图》《富春大岭图》《仙山图》《秋山无尽图》等。

最著名的是《富春山居图》。

《富春山居图》高33厘米，横636.9厘米，是一幅描绘浙西富春江一带景色的长卷。展卷望去，峰峦坡石、秋水疏林，绵延起伏，间有村落、亭台、渔舟、小桥。飞泉直下，溪流涓涓，浅滩逶迤，山路弯弯。江水浩渺，苍山幽远。面对画卷，犹如坐在小船上逆富春江而上，在移动中观看青山绿水，每观每异，令人应接不暇。

画家何以能够创造出如此优美的意境呢？据说，黄公望晚年喜爱浙西美丽的自然风光，曾在富春江边的山坡上，造了一座房子，自称"小洞天"，并在这里住了好几年。《富春山居图》便是在此期间完成的。据画家自己记述，此图从他79岁时开始创作，"三四载未得完备"。他经常带着纸笔，深入山水之间体味大自然的奥妙，有时"终日只在荒山乱石丛木深筱（xiǎo）中坐，意态匆匆，不测其所为"。其实他是在领略山水四时、朝暮之变幻，每遇得意之景，兴之所至，便从衣袖中掏出纸笔，画在纸上。所以黄公望的山水画"沉郁变化，几与造化争神奇"。从画法上看，《富春山居图》也别具一格。以水墨浅绛为主，用干湿兼有的披麻皴，山顶多矾石，秀逸、古拙、温润、苍莽。同代画家倪瓒题黄公望的画说："大痴画格超凡俗，咫尺关河千里遥。"说他的《富春山居图》笔墨洒脱而空灵，就像王羲之的书法作品《兰亭序》一样

"圣而神矣"。

这件"圣而神"的名作，几百年来辗转收藏，经历不凡，曾险些葬身火海。原来，到明朝末年，此画被吴洪裕所得，珍爱备至。吴氏临死前竟令人将它烧掉殉葬。当这件传世佳作被投入火盆时，吴氏即将瞑目，其侄吴静庵从烈焰中将它抢救出来。从此，它被截为两段。后一大段于乾隆十一年（1746年）流入清宫，现收藏于台北故宫博物院。前一小段流落民间，现藏于浙江省博物馆。

吴镇（1280—1354年），字仲圭，号梅花道人，嘉兴魏塘镇（今浙江嘉善）人。他饱读诗书，善画山水、竹石。性情孤高耿介，隐居不仕，曾在居所周围遍植梅树，以林和靖（北宋诗人，隐居西湖孤山，20年不入城市，有"梅妻鹤子"之说）自喻。他一生清贫，但绝不趋炎附势。以赏梅作画抒情遣兴。据说他曾与画家盛懋比邻而居。当时盛懋很有些名气，拿着金帛去盛家求画的人络绎不绝。而吴家则门庭冷落。吴妻不免埋怨几句。吴镇对自己的画却充满信心，颇不以为然地说："20年以后方能见出高低。"后来，吴镇的声望和影响果然远远地超过了盛懋。

吴镇的山水画师法董源、巨然，笔法苍劲有力，善于用墨，常以湿墨渲染，形成苍苍莽莽、浑厚沉郁的绘画风格。清代画家恽南田在《瓯香馆画跋》中说："梅花庵主与一峰老人（黄公望）同学董、巨，然吴尚沉郁，黄贵萧散，两家神趣不同，而各极其妙。"吴镇的山水画作品有《洞庭渔隐图》《渔父图》《松泉图》《双桧平远图》《清江春晓图》《嘉禾八景图》等。除山水画外，吴镇还善画墨竹，其画风简洁生动，自成一家。

"元四家"中，倪瓒是个爱洁成癖的画家。据说他每日盥（guàn）洗就要换水数十次，洗衣服也要漂洗十几遍。有一次，他在家中留客住宿，夜间听见客人有咳嗽声，第二天一早，便命人仔细寻找房间里有无痰迹。仆人找不到痰迹就敷衍他说，客人将痰吐在窗外的梧桐树叶上了，倪瓒赶紧命人将树叶剪下，扔到离家很远的地方去。这表明，倪瓒是个个性极强的人物。常言道，画如其人，他的山水画以萧散、清疏的独特风格著称于世。《渔庄秋霁图》是其代表作之一。

《渔庄秋霁图》高96厘米，宽47厘米，现藏上海博物馆。此图近景有湖中小渚，坡石上几株落叶杂树，萧然而立。穿过宁静开阔的湖面，滩涂丘壑逶迤远去，构成了一个秋雨初歇、明净萧索、荒疏而又苍凉的境界。名曰"渔庄秋霁"，但画面上却没有出现渔庄，只是通过湖水山石、树木坡岸，在秋雨过后，天色转晴的变化中，使人联想到依傍在湖边的茅屋村舍、渔人小舟。此图是作者55岁时画的，18年后，他又在这幅画上写诗题记。诗云：

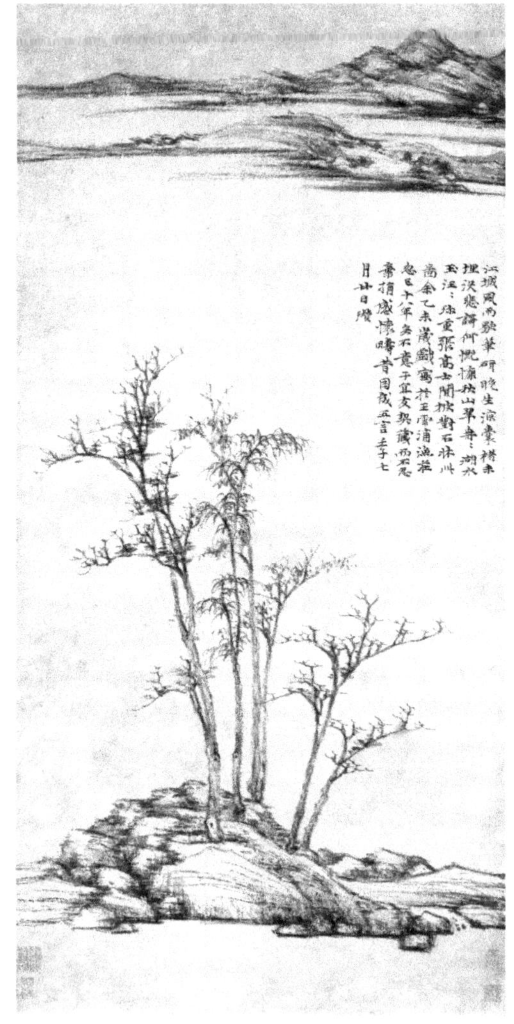

图 30 元·倪瓒《渔庄秋霁图》

"江城风雨歇，笔研晚生凉。囊褚未埋没，悲歌何慨慷。秋山翠冉冉，湖水玉汪汪。珍重张高士，闲坡对面床。"我们可从中进一步领略这"风雨萧条晚作凉"的诗情画境。在画面上写诗题记，大约萌生于唐末、五代，但直到宋代，直接在画面上题诗，也并不普遍。到元代文人画家，开始题大段的诗文和跋语，并以此配画，抒怀遣兴。这种做法被后代尤其是明清文人所欣赏，并逐渐发展，成为中国传统绘画的一大特色。在这幅《渔庄秋霁图》中，倪瓒那娟秀而清丽的字体，与萧疏宁静的画境很和谐，使画面更具书卷趣味。倪瓒的山水画，构图别致，景物简淡，平静幽远，疏朗静寂。在画法上，不作渲染，也极少设色，多以淡墨枯笔，轻轻皴擦。首创"折带皴"，在枯淡松散中有苍润之感。在艺术思想上，倪瓒把抒发主观情趣作为绘画的唯一要求，提出"仆之所谓画者，不过逸笔草草，不求形似，聊以自娱耳"。

倪瓒（1301—1374年），字元镇，号云林，江苏无锡人。倪家为江南豪富。家筑"清閟阁""云林堂"等亭堂馆阁，收藏书画极多。倪瓒自幼饱览经史，工诗文，善书画，谙熟音律。性情孤高，一生不做官。40岁前，过着富裕而风雅的名士生活。元末，农民起义风起云涌，他卖田产，疏家财，弃家隐遁于太湖。后半生的20多年，他浪迹宜兴、常州、吴江、湖州、嘉兴、松江一带，寄居田

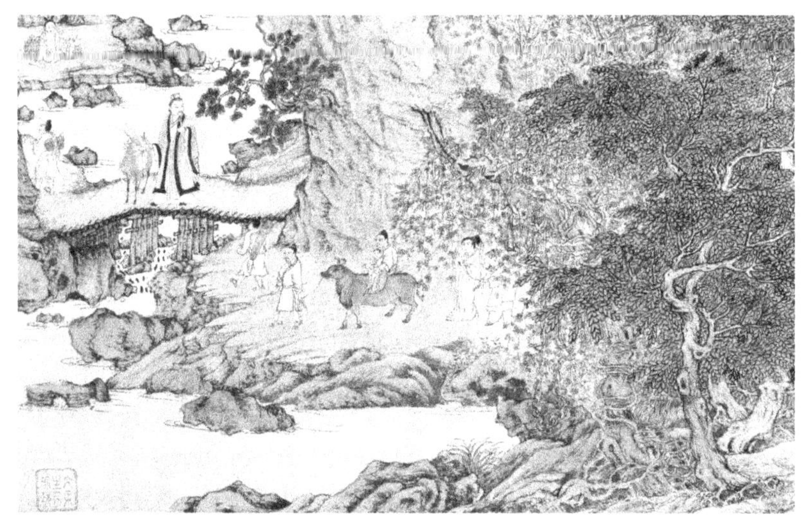

图 31 元·王蒙《葛稚川移居图》局部

舍、佛寺，或以舟为家，随水漂泊。但仍勤于书画，以寄情怀。正是这种跌宕起伏、放浪江湖的生活和他那抑郁悲凉的心境，使他能突破前人成法，别开生面，在中国绘画史上确立了自己的风格。倪瓒的作品，保存下来的较多，如《六君子图》《松林亭子图》《虞山林壑图》《幽涧寒松图》等。

如果说，在"元四家"中，倪瓒的山水画是疏体，以萧疏见长，那么王蒙的山水画就可称为密体，以茂密取胜。《葛稚川移居图》就是这种繁密作风的代表作之一。

　　《葛稚川移居图》高139厘米，横宽58厘米，现藏台北故宫博物院。葛稚川，名洪，字稚川，晋代著名道士。丹阳句容（今属江苏）人。出身于道教世家，少年起即好神仙导养之法，学习炼丹术。著有《抱朴子》等作品。葛洪听说交趾盛产能炼丹的矿石，就携带全家南下广州，进罗浮山隐居炼丹。罗浮山脉在广东省增城、博罗、河原等县境内，山清水秀，景色宜人，至今还有葛洪炼丹的遗迹。王蒙的《葛稚川移居图》描绘的正是葛稚川为寻丹砂携家带口搬迁罗浮山的情景。画面以山水为主，人物置于其间。层峦叠嶂，绵亘而起，飞瀑流泉，汇溪而下，丛树茂盛，傍溪石而生。山道弯曲，盘绕回旋，时隐时现，一直通向深山。画面上，葛稚川一家数人正行进在谷底的山路上。行至木桥上的葛稚川，头戴道冠，身着道袍，左手拿着一把羽毛扇，右手牵着一头驮书卷的梅花鹿，正在回头张望，似乎在招呼后面的人。

　　《葛稚川移居图》构图繁密饱满，从山脚画至山顶，层层叠叠，几乎没有空隙，但一丘一壑，一石一树，位置得当，使人感到满而不堵，繁而不乱，在苍郁中见生意。用笔细密、繁复，有韵律感。画山石以干笔淡墨为主，使用细笔短皴和小斧劈皴。岩间杂树，勾画精细，树叶均取双钩填色法，施以石青、朱红、赭红等明丽之色，与不着色的山石和只略染赭色的树干、桥梁、人物、屋宇相比，显得格外鲜艳明快。倪瓒曾以"王侯笔力能扛鼎，五百年来无此君"的诗句，盛赞王蒙的笔墨功力。

王蒙（1308—1385年），字叔明，号黄鹤山樵，浙江湖州（吴兴）人。其外祖父赵孟𫖯、外祖母管道升，舅父赵雍等都是元代著名书画家。王蒙受家庭影响，工诗文，喜书画，最擅长画山水。元末曾作过小官，后弃官隐居黄鹤山（今浙江余杭区内）中。明王朝建立后，王蒙于洪武初年出任泰安知州。后因胡惟庸案①牵连，死于狱中。除《葛稚川移居图》外，王蒙还有《青卞山隐居图》《层峦萧寺图》《具区林屋图》《春山读书图》等作品流传于世。

元代山水画家，除以上介绍的四家外，尚有继承米芾父子传统，兼采董源画法，多作水墨渲染，画烟雨苍茫之景的高克恭、方从义；承袭马远、夏圭画法，风格苍劲、豪放的孙君泽、卢师道、陈君佐、张远等；继承李成、郭熙一路，画风坚实、清丽的朱德润、唐棣、商奇、刘伯希等；还有专门画界画并卓有成就的王振鹏、朱玉、李容瑾、夏永等。

---

① 胡惟庸，明初左丞相。因勾结日本和蒙元残余势力，企图"谋反"，遭朱元璋镇压，被株连者三万人。

第二节
清气满乾坤

　　元代文人画家，受佛、道思想影响，在艺术上以自然、平淡、不假雕琢为美，崇尚清淡的水墨画法。所以元代花鸟画的突出特点是墨花、墨竹、墨禽的兴起与广泛流行。

　　王渊，字若水，号澹轩，杭州人。生卒不详，大约活跃于元朝至正年间（元代末期），同代夏文彦在《图绘宝鉴》中说他：“幼习丹青，赵文敏（即赵孟頫）多指教之，故所画皆师古人，无一笔院体。山水师郭熙，花鸟师黄筌，人物师唐人，一一精妙。尤精墨花、鸟、竹、石，当代绝艺也。”在王渊的现存作品中，虽然也有黄筌一路设色富丽之作，但以不着一笔丹青的纯水墨画最为精彩。如《桃竹锦鸡图》，高103.3厘米，宽55.4厘米，现藏北京故宫博物院。图中，溪水潺潺，桃花初放；秀石玲珑，青竹掩映。两只锦鸡，一落于石，啄理着美丽的羽毛；一藏于石后，举头正视远方。远处雾霭蒙蒙，更渲染出这静寂

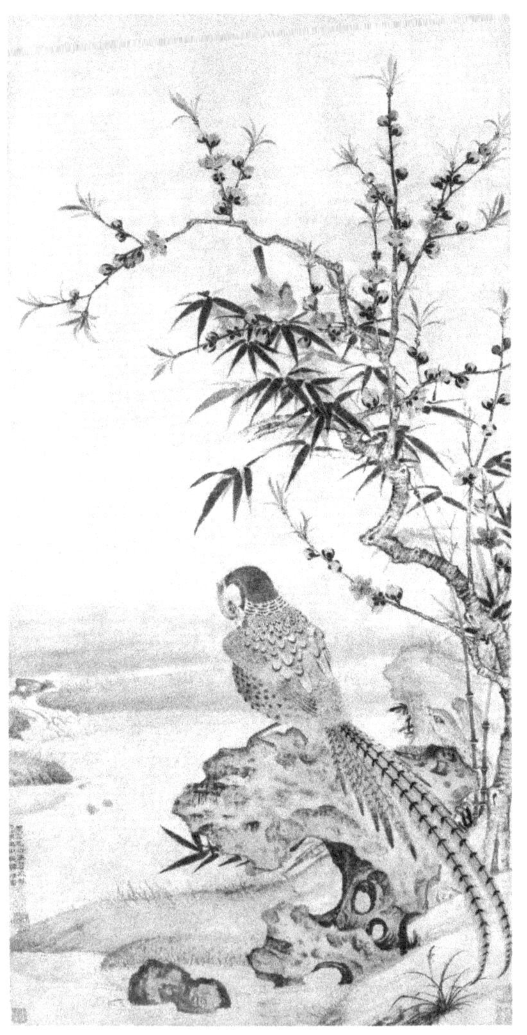

图 32 元·王渊《桃竹锦鸡图》

而美好的初春景色。整幅画纯以深浅不同的墨色画出，宛如现代的"素描"。造型工整、准确，且有很强的质感，如羽毛的柔滑感，花朵的饱满艳丽感，石头的坚硬感等。更加可贵的是，这些深浅、干湿、浓淡不同的墨色全以中国传统的笔法、墨法画出，使人感到无彩似有彩，并表现出一种儒雅、秀润的格调。它标志着崇尚淡泊、素雅审美思潮的勃兴。王渊的其他水墨作品尚有《竹石集禽图》《桃竹春禽图》《牡丹图》等。

在元代统治者民族歧视政策下，汉族知识分子和画家，多强调借物抒情和个性表现，常以梅、竹、兰等抒发自己超拔不俗的品格，遂使墨竹、墨梅成为一代时尚。出现了许多名家，如李衎、管道升、顾安、柯九思、王冕等。

柯九思（1290—1343年），字敬仲，号丹丘生，别号五云阁吏。台州仙居人。长于诗文、书画，尤擅画竹。精于文物鉴定。元文宗时，任奎章阁学士院鉴书博士，专门鉴定宫中所藏书法名画，1331年，因遭猜忌被迫辞职。1332年元文宗死后，回到江南，郁郁而死。

柯九思画竹，宗法宋代的文同、苏轼，有时以浓墨为面，淡墨为背，全如文湖州。他又在传统的基础上以书法用笔画竹，别开生面，自成一家。徐显的《稗史集传》说他："公善写竹石，始得笔法于文同，尝自谓：写干用篆法，枝用草书法，写叶用八分，或用鲁公撇笔法，木石用金钗股、屋漏痕之遗意。虽其妙至不可言，然其生意飞动，有龙翔凤翥之状，故四方士大夫争宝爱之。"

柯九思的现存作品有《墨竹轴》《双竹图轴》《竹石图》等。笔法沉着，用墨厚润，或密中见疏，或寥寥数笔，皆浓淡得体，含蓄有致。

以画墨梅著称的王冕，是个具有传奇色彩的人物。他的生平和为人在民间传说和文学作品中多有记述。

王冕（1287—1359年），字元章，号煮石山农，浙江诸暨人。出身于贫苦农家。小时候无钱读书，曾为人放牛，但他好学不倦，常因偷听学生念书，而忘其牛，为此屡遭父亲的鞭打。夜间无钱买灯油，便跑到庙里，坐在佛像的膝上，就着殿中长明灯通宵达旦地读书。后来被会稽韩先生收为弟子，遂发奋读书。本想为社会作一番事业，但屡试不第，于是，他把自己写的文章全部烧掉，改读古兵法。他常常戴着高沿帽，披着绿蓑衣，脚穿长齿的木屐，或挥剑高歌，在大街上行走；或骑着黄牛手持《汉书》边读边行。别人都以为他发狂了，其实这只不过是表示一种孤傲的人生态度罢了。他也曾"下东吴，入淮楚，历览名山大川……北游燕都"。在北京，他画梅的名声很大，很多士大夫、贵人，纷纷来求画。据说王冕作一梅花图挂在墙上，上面题诗云："冰花个个圆如玉，羌笛吹它不下来。"以花自喻，以羌笛暗指元代统治者，表示自己不能随便被"贵人们"驱使，为此还险些入狱。最后，他隐居家乡九里山，买地建屋，过着农耕兼书画自娱的生活，以此度过了晚年。

现藏北京故宫博物院的《墨梅图》高31.9厘米，横50.9厘米，是王冕作品中最疏淡的一幅。一枝横斜的梅枝，从右伸出，修长的枝干贯穿整个画面，它舒展挺秀，蓓蕾初绽，冒寒怒放，清新多姿，似有幽香画中来。全幅皆以浓淡墨色画成。枝干用重墨，滋润挺秀，宛若生枝，花蕾花瓣以深浅不同的淡墨点染，只在花蒂、花蕊处点以重墨。在这淡淡的墨痕中表现出梅花那高雅丽质与傲霜独开的风姿。画家题诗道："吾家洗砚池头树，朵朵花开淡墨痕，不要人夸颜色好，只留清气满乾坤。"这不仅道出

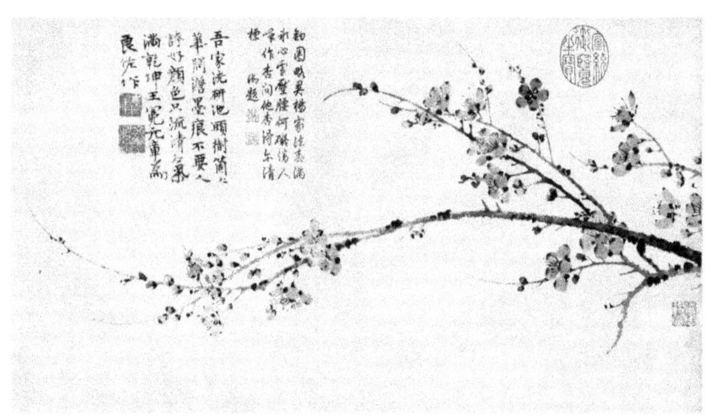

图 33　元·王冕《墨梅图》

了梅花的风姿神韵，而且也道出了画家创作的初衷。

王冕的墨梅，还有一种以密取胜的。如，现藏上海博物馆的《梅花》就是巨干、密枝、繁花，别有一番生气。王冕不仅是位名声斐然的画家，还是元末文坛上很有影响力的诗人。除题画诗和寄志诗外，他还写了大量揭露元朝统治者的骄奢腐朽、反映劳动人民痛苦的诗，语言朴实自然。有《竹斋诗集》流传于世。

第三节
永乐宫壁画

元代人物画的进展不大。文人艺术家都致力于山水花鸟画，人物画的天地主要留给了民间画师。他们多从事寺观壁画的创作。在现存元代壁画中，以山西永乐宫壁画最为精彩。

永乐宫原在山西省永济县永乐镇。相传道教祖师之一吕洞宾就出生在这里。唐代在其故宅建"吕公祠"，宋金时期改祠为观，1244年为野火烧毁，从元中统三年（1262年）开始重修，历时30多年，于至元三十一年（1294年）才全部完工。其中各殿壁画绘制和完成的时间更晚，大约在1325—1358年期间。1959年，因修建三门峡水库，将永乐宫全部建筑及壁画，原样迁建于距永乐镇22公里的芮城县北龙泉村。

永乐宫现存四殿，殿内均有壁画，如三清殿绘各方天神、地祇，朝谒"三清"的《朝元图》。重阳殿绘全真教创始人王重阳生平故事画。龙虎殿（无极门）绘有神荼、郁垒等画像。纯阳殿绘《纯阳帝君仙游显化图》，是描绘吕洞宾从降生起一直到赴考、得道、离家、超度凡人、游戏红尘等情节的连环式图画，一共52个画面。吕洞宾是唐末进士，名岩，字洞宾，号纯阳子。传说他64岁才进士及第，后游长安，遇钟离权，受内丹密旨及天遁剑法，遂得道，隐居庐山。他的理论对宋代道教教理有一定影响，被尊为全真道北五祖之一。宋代以后，他的故事在民间广泛流传，并多有附会演义，将吕洞宾传为八仙之一。这些传说，在民间得到长期加工，颇具神幻色彩，十分生动，反映出社会中各种复杂的思想意识和道德观念。这52幅画面就是根据这些记载和传说，由禽昌朱好古门人张尊礼、田德新、曹德敏等集体绘制而成的。其中最精彩的一幅是《钟离权度吕洞宾图》。

此图描绘的是吕洞宾"暮春游澧水之上，遇钟离子……"（引自永乐官三清殿中统三年的碑文。钟离子即传说中的八仙之一，复姓钟离名权，字云房，道教北五祖之一），钟离子说服他入道的情景。画中两人对坐在深山大石上，周围有起伏山峦，苍苍古松，潺潺流泉，一派暮春景象。性格豪爽的钟离权袒胸露腹，身体前倾，正热情地侃侃而谈。吕洞宾则拱手危坐，温文尔雅，低着头，好像在倾听，又好像在沉思。画师们在这里塑造了两个不同性格的人物形象。除了面部和动态在造型上的区别外，特别注重对人物内心的刻画。如钟离权右手拄在山石上，以支撑微微前倾的身体，目光炯炯，注视着对方，表现出一种急迫心理。那叉开的双腿以及放在腿上伸着两个指头的左手，又使人感到他快人快语，性格豪放。相形之下，吕洞宾姿态收敛而恭敬，一副诚恳悉听教诲的神情。尤其是左手拇指，轻捻袖口的细节描绘，表现出了他激烈的心理活动。在画法上，此图继承了宋代人物画的传统，用笔奔放，以简括肯定、一波三折的线描绘衣纹，有很强的质感。设色明丽而不俗艳，人物的衣服分别染翠绿色和浅黄色，在用色沉重的背景衬托下，显得十分突出而醒目。

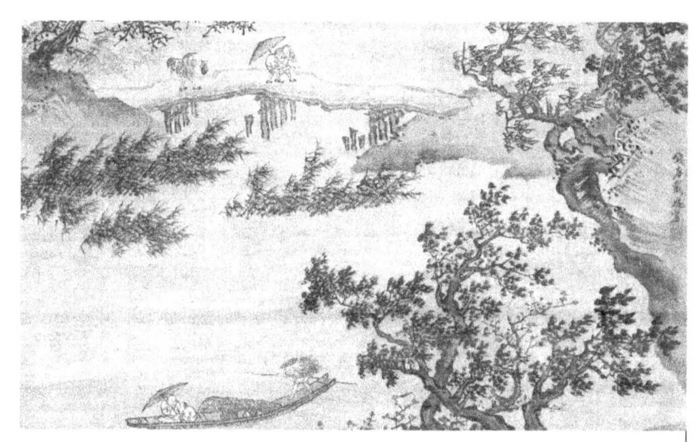

第八章

明代绘画

（1368—1644年）

公元1368年，朱元璋借农民起义的力量，推翻元朝统治，建立明王朝，努力发展经济，进行海外贸易，使社会状况比较安定。不过此时中国的封建社会已是每况愈下。1644年，李自成的农民起义军攻克北京，崇祯皇帝自缢于煤山，从而结束了200多年的大明王朝。

此时在绘画领域，山水花鸟画更成大宗。人物画、宗教画愈加衰落，但肖像画开始发展和盛行。尤其在民间，活跃着一批以肖像画为职业的艺匠，并为后人留下了许多珍贵作品。

画派林立是明代画坛的一大特色。前期有画风奔放的浙派和江夏派。浙派的代表人物是戴进，江夏派的代表人物是吴伟。他们都远承南宋马远、夏圭的画风，兼画山水人物，笔墨奔放，气势有余而韵味不足。明代中期以后，以苏州为中心的一批文人画家，形成了富于书卷气、笔墨含蓄文静的吴门画派。代表人物是沈周、文徵明、唐寅、仇英等。他们大多能诗善画，还擅长书法，比浙派更受广大士大夫观者的欢迎，从而成为明代后期画坛的主要画派。总起来说，画派之间虽有门户之见，但毕竟开始了个性风格的追求。同时也说明，明代绘画在语言及表现方法上，进一步走向多样化，欣赏群也随之分野。

另外，明代后期，伴随着商品经济的发展，市民阶层不断扩大，通俗戏曲、小说盛行文坛，文人画家开始涉足通俗文化，为这些作品作绣像、插图，甚至为民间年画和纸牌作画稿等，形成了一股雅俗合流的势力。

第一节
豪放的浙派和江夏派

明初，浙派山水画十分兴盛。他们师法马、夏，多作斧劈皴，"笔势飞走，乍徐还疾，倏聚忽散"，气势豪放。最有代表性的画家是戴进。

戴进（1388—1462年），字文进，号静庵，浙江杭州人。少时家境贫寒，曾当过制作金银首饰的工匠。据说有一次，他偶然在一家熔金铺子里看到自己精心制作的工艺品被熔化掉，一气之下，改学绘画。他刻意苦学，孜孜不倦。在绘画上才华出众，技艺超群，但因他出身低贱，受到一些势利小人的排挤，终生潦倒，贫困而死。据记载，宣德年间，一次，明宣宗召集画家在仁智殿画画，选拔宫廷画师。戴进也前去参赛，画了一幅《秋江独钓图》，表现秋水边一个穿红衣服的老者在悠闲地垂钓。这张画，无论是技法还是意境都十分出色，宣宗看了大加称赞。宫廷画师谢环嫉妒戴进的才能，就对宣宗说："画得固然好，但是太粗野了。"宣宗问："怎见得粗野呢？"谢环说："红衣服是官员们上朝穿的礼服，哪能穿着钓鱼，这明明是轻视朝廷的礼制。"宣宗听了大怒，立刻把戴进赶走了。此后，戴进埋名隐匿，辗转漂泊。但是，他在逆境中仍然坚持绘画。戴进是个全能的画家，除山水外，神像、人物、走兽、花果、翎毛样样精通，是明代前期最出色的画家。他的作品气势强悍，风格奔放。他被推重为浙派的创始人。戴进的作品，流传下来的有《春山积翠图》《金台送别图》《春游积翠图》《关山行旅图》《渔人图》《春游晚归图》《风雨归舟图》等。其中《风雨归舟图》很有代表性。

此图现藏美国华盛顿弗利尔美术馆，描绘的是雨中山水。疾风夹着暴雨从天而降，峰峦、烟树时隐时现，一片迷茫。山溪暴涨，奔腾而下，快要被淹没的苦竹、野芦在风雨中飘摇。近景的杂树，被狂风吹打得瑟瑟发抖，只有湿淋淋的巨石，岿然不动。溪桥上有撑伞的农人和披蓑衣的樵夫，顺着风势匆匆而行。汇溪成河的水面上有一小舟，两个打伞的人坐于船头。船尾是一头戴草帽、身披蓑衣的撑船人，他弓着身子，正用力地撑着船篙，使这小舟顶着风雨，艰难地向前行进。画家采取虚实相间的手法，利用阔笔淡墨，快速扫出雨中的山石，树木、芦草则以细笔攒簇，柔韧坚挺，飘摇之态跃然纸上。人物虽小，但描绘得简练而生动，为画面增添了浓郁的生活情趣。纵览全画，观者仿佛也置身其间，领略这"黑云翻墨未遮山，白

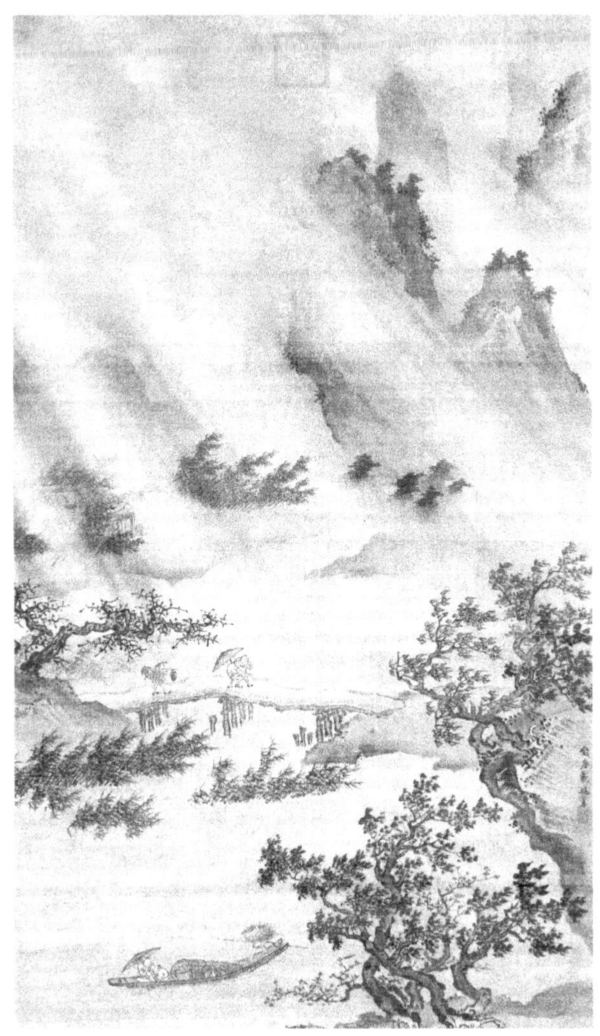

图 34 明·戴进《风雨归舟图》

雨跳珠乱入船"的奇妙景观。

　　稍晚的吴伟是湖北武昌（古称江夏）人，也是明代前期有影响力的画家，被尊为江夏派的代表人物。因江夏派与浙派的画风相近，有的美术史家将江夏派也归于浙派。

　　吴伟（1459—1508年），字士英、次翁，号鲁夫。少贫，流落江苏常熟，被一钱姓富户收养，侍其子读书。吴伟生性擅画，无师自通，常取笔画地作人物、山水。17岁到南京，进成国公朱仪府，因年少才奇，被呼为"小仙"。后被举荐到北京，得宪宗皇帝赏识，授锦衣镇抚，待诏仁智殿。但吴伟生性狂放，不拘礼节。有一次，他正酣饮大醉，忽听宪宗召，便蓬头垢面，趿拉着破靴子，被侍从们搀扶着踉跄而至。当着皇帝的面打翻墨汁，信手涂抹成一幅《松泉图》。画毕，众人观之，真有风云惨惨之感。宪宗龙颜大悦说："真仙人笔也！"不久放归。孝宗时，他又被起用，被封为"画状元"，以后又以病辞归。

　　吴伟兼擅山水、人物，尤其喜欢画大幅，用笔豪放。画树的枝干刚劲如铁，画山石之笔干湿兼济，皴染并用，"泼墨如云"。其画风虽然更接近马、夏，但也融入董、巨、范宽等人的画法。人物画有精劲和放纵两种风格，多与山水结合，体态生动，笔法奇纵无方，刚中有柔，很有神气。吴伟的传世作品较多，如《渔乐图》《长江万里图卷》《武陵春图》《铁笛图》等。

第二节
温文尔雅的吴派

　　明代中叶，工商业的发展使一些城市迅速扩大。当时的苏州，人口稠密，各地客商云集，成为消息灵通、繁华富庶的大都市。随着经济的繁荣，苏州也人文荟萃，出现不少文人艺术家。在中国美术史上，被称为"明四家"的沈周、文徵明、唐寅、仇英，都活跃于此。也被称为"吴门画派"或"吴门四家"。

　　沈周（1427—1509年），字启南，号石田，长州（治所在今江苏吴县）人。出身望族，祖上三代皆以书画闻名，收藏颇丰。沈周渊其家学，博闻多能，不应科举，毕生从事诗、书、画艺术创作。他为人宽厚仁和，朋友多，弟子更多。像文徵明、唐寅、李著、王绖、孙艾、吴麒、陆文等画家都出于他的门下，他有很高的社会声誉，被推为"吴门画派"的领袖。《吴郡丹青志》（王稚登著）称沈周"绘事为当代第一"，把他列为神品中的第一人。

　　沈周学画师法王蒙、黄公望、董源、巨然等名家。他能兼收并蓄，融各家之长，山水、人物、花卉无所不精，山水画的成就最高。画史说他的画有两种风格，40岁前的，笔法细腻，被称为"细沈"；40岁后的作品，尺度大，且笔力浑厚、沉着，气势粗豪，被称为"粗沈"。传世作品有《两江名胜图册》《庐山高图》《三桧图》《春山欲雨图》《策杖图》《夜坐图》等。

《庐山高图》高193.8厘米，宽98厘米，是沈周41岁时的巨幅杰作。现藏台北故宫博物院。画中山峦层叠，飞瀑直下；长松巨木，沉郁茂盛。近处一人背立观瀑，尺度很小，更显出山川的雄伟、壮丽。画法仿王蒙，笔墨更趋坚实浑厚。自题"庐山高"三篆字，并书长诗，感情激越，气势豪迈。末尾题句："成化丁亥端阳日，门生长州沈周诗画，敬为醒庵有道尊先生寿。"说明此图是沈周为他的老师陈宽（字孟贤，号醒庵）祝寿而画的。陈宽祖籍江西，画江西的庐山，显然有以庐山比喻老师人品高尚的意思。选材、立意颇具匠心。

"吴门画派"中，活得年龄最长，影响最大的当推文徵明。画史上有人认为"吴门画派"始于沈周，而成于文徵明。

文徵明（1470—1559年），原名璧，字徵明，号衡山，长洲人。出身于官宦世家，早年也参加过科举考试，但因不合时好，而未被录取。于是专心于诗、书、画，过着琴酒林泉的风雅生活。他的诗风平易、清丽、自然。在书法艺术方面，篆、隶、楷、行、草都有极高的造诣，尤其是他那温润秀劲、法度谨严的小楷更是闻名于世，有"明朝第一"的称誉。在绘画方面，文徵明不仅擅长山水，花卉、人物也很有特色。王伯敏在《中国绘画史》一书中称他的画风"早年精致清丽，中年用笔粗放，晚年则粗细兼具"。《兰亭修禊图》是文徵明工细风格的代表作。

修禊是古代的一种风俗，为消除不祥，每至阴历三月上旬，人们都去水边梳洗，除去宿垢。东晋永和九年（353年），王羲之、谢安、孙绰等41名文人雅士，聚集山阴（今浙江绍兴）之兰亭，临水洗涤，饮酒作诗。后王羲之作文记述这次活动，被历代文人传为佳话。文徵明的《兰亭修禊图》（高24.4厘米，宽60厘米，现藏北京故宫博物院）正是以此故事为题材的一幅人物山水画。

此图为横幅，画面显得十分开阔。山溪如注，从远处汩汩而来，曲曲弯弯，汇于兰亭。其亭建于水上，茅顶朱栏，四面临风。亭前亭后，古树茂密，修竹成林。左半部画春山微绿，小草初荣。正是"天朗气清、惠风和畅"，有三人对坐于亭中，数人列坐于溪畔，"一觞一咏，畅述幽情"。

《兰亭修禊图》对景物的描绘工细而严谨，树木用双钩填色法，山石不用皴笔，大面积地涂以青绿色，使画面有一种"春到人间万物鲜"的感觉。其中人物虽小，但刻

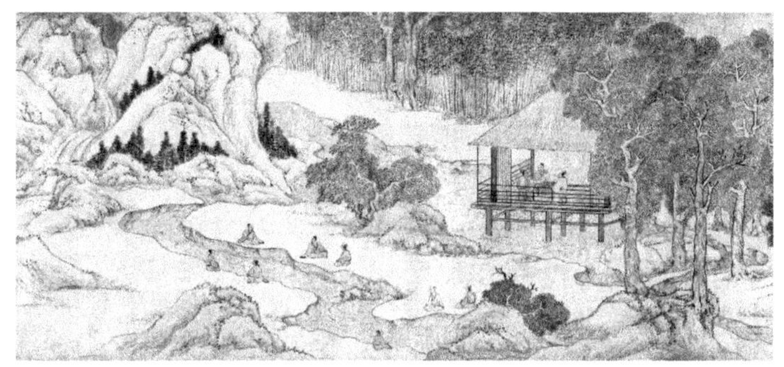

图 35　明·文徵明《兰亭修禊图》

画得一丝不苟，姿态各异，生动自然。此图画于金色笺纸上，更显得古色古香，高贵典雅。

文徵明流传下来的作品还有《春深高树图》《真赏斋图》《山雨图》《古木寒泉图》等。

唐寅（1470—1523 年），字伯虎，自号六如居士，还有桃花庵主等别号。南直隶苏州府吴县（今江苏苏州）人，很有才华。29 岁参加科举乡试中解元。次年赴京会试，因无辜牵连科场舞弊案被革除功名。从此云游四海，靠卖书画诗文为生，曾写诗云："不炼金丹不坐禅，不为商贾不耕田，起来就画青山卖，不使人间造孽钱。"唐寅画名虽高，但不免饱受世间炎凉，使他放荡不羁、玩世不恭，有许多风流逸事流传民间，他也曾刻"江南第一风流才子"印自诩。

　　唐寅多才艺，诗、书、画无所不能。山水、人物、花卉、翎毛都画得很出色，如《秋风纨扇图》《枯槎鹡鸰（qú yù）图》等。他的山水画多取法南宋画家李唐、刘松年，但能集众家之长，融会贯通，变大斧劈皴为长披麻皴，创造了秀润、缜密、流丽的艺术风格。流传下来的作品有《震泽烟树图》《山路松声图》《青山伴侣图》《骑驴思归图》《江南农事图》等。他的《震泽烟树图》表现江南景色。画中波浪滔滔，江水浩渺，洲渚之上，竹林茂密，茅屋掩映，小舟泊岸，炊烟袅袅。流动的江水与稳定的小岛，在一动一静的对比中使人产生"孤客一身千里外，未知归日是何年"的情思。笔法工细，构图简洁，刻画缜密，具有浓厚的江南情趣。

　　仇英是个油漆匠出身的画家，靠着勤学苦练跻身于画坛，被后人尊为"明四家"之一。他的绘画风格清秀纤丽，于繁华富丽之中蕴含着优雅飘逸的韵味。《春夜宴桃李园图》可为一例。

　　此图纵206.4厘米，横120.1厘米，现藏天津博物馆。以唐代大诗人李白的诗作《春夜宴桃李园序》为题，描绘了在桃李盛开的春夜，李白与诸弟兄在园中聚会，效仿古人秉烛夜游，"开琼宴以坐花，飞羽觞而醉月"的情景。画中近处有湖石、小桥、流水、曲栏。中间部分银烛高挑，宛如白昼。几株虬曲的老树，错落布于园中，春风吹开了新旧枝条上的蓓蕾，娇花似锦。树下摆一长桌，李白兄弟四人围桌而坐，或饮酒，或举筷，或凝神于桃花，仪态潇洒，风度翩翩。桌上除了美酒佳肴，还有书画文物，点明这不是普通的宴会，主人们都是才华横溢的文人雅士，他们在这里赏花、畅饮，写诗寄怀，叙手足情，享天

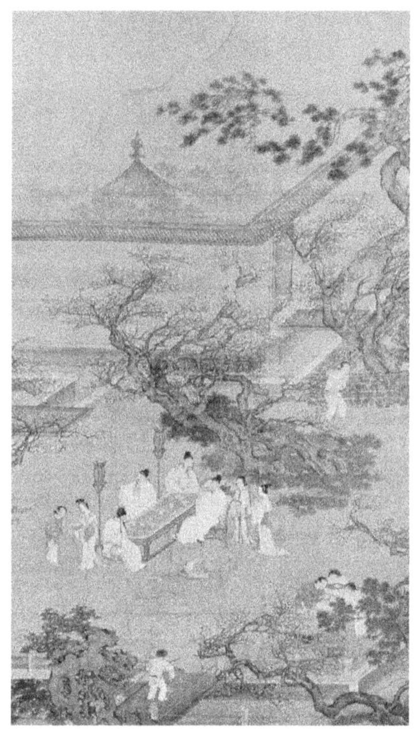

图 36　明·仇英《春夜宴桃李园图》

伦乐。还有小童、侍女数人，端盘、送菜、斟酒，侍候于左右。远处画有一道围墙，有角门可通向另一院落，亭台、树木和远山若隐若现，显得十分幽远。

这幅以人物为主体的山水画，布局得当，制作精细，着色富丽而温雅。在色彩浓艳的景物衬托下，人物多着白袍，显得十分醒目。衣纹用笔细劲而流畅，宴饮者神态若真。这一切都充分表现出画家超群的技艺。

仇英（1502—1552年），字实父，号十洲，江苏太仓人，长期居住在吴县（今苏州），少时当过油漆匠。后来，名画家周臣发现了他非凡的才能，收为门徒，加以培养。仇英学习古人的传统技法十分用功，临摹过大量的唐宋名画，但他摹古而不一味地泥古，能博采众长，熔于一炉，创自家风格。他擅长山水、人物，画风工整妍丽但不俗艳。仇英从事绘画，从成熟到去世，只有短短20多年，却为后人留下了大量作品，不管是长轴大卷，还是扇面小册，一概严谨工细，从无潦草松懈之处。仇英的作品还有《桃园仙境图》《剑阁图》《秋江待渡图》《桐阴清话图》等流传于世。

第三节
董其昌与南北宗论

　　董其昌（1555—1636年），字玄宰，号思白，松江华亭（今上海松江）人。神宗万历十七年（1589年）进士，官至礼部尚书。他学识渊博，精于鉴赏，长于书法，兼擅山水画。书法初学颜真卿，后转法钟繇、王羲之，其书疏宕秀逸，自成一派，被称为明末四大书法家之一。他的山水画取法董源、巨然、米芾及倪瓒、黄公望的萧散，晚年亦取李唐之深厚，所画山水、树石、烟云，流动、秀逸而潇洒。追求以书法入画，特别强调笔的运动和墨的气势。他自己说："余画与文太史（即文徵明）较，各有短长，文之精工具体，吾所不如，至于古雅秀润，更进一筹。"这正道出了他与吴门画派的不同之处，被推为华亭派之首。董其昌的山水画作品有水墨、青绿两种面貌。主要作品有《江山秋霁图》《云山水隐图》《烟江叠嶂图》《秋兴八景图册》《昼锦堂图》等。

　　董其昌所以对后世产生巨大影响，还因为他对以前的画派区分提出了独到的见解。著有《容台集》《容台别集》《画禅室随笔》等。他第一次从风格上将山水画分为南北宗。他在《画禅室随笔》中说："禅宗有南北二宗，唐时始分。画之南北二宗亦唐时分也，但其人非南北耳，北宗则李思训父子着色山水，流传而为宋之赵幹、赵伯驹、伯骕以至马、夏辈。南宗则王摩诘始用渲淡，一变钩斫之法。其传为张璪、荆、关、郭（忠恕）、董、巨、米家父子，以至元之四大家。亦如六祖之后有马驹云门、临济儿孙之盛，而北宗微矣。"并贬斥"北宗"是外露、草率，只重技巧，不知含蓄的"行家"画；褒扬"南宗"是有天趣，有恬静韵味和书卷气的文人画、"利家"画。还极力推崇其笔墨的率真和潇洒的士气。以董其昌的社会地位及其在书画界的声望，他的这种绘画见解，很快为当时的文人画家们所接受，并形成了强大的绘画潮流，直接影响中国画坛300余年。

第四节
工笔花鸟与写意花卉

　　中国的花鸟画，自晚唐独立成科，至五代两宋发展得十分繁盛。其中占统治地位的是工整艳丽的工笔画作品。写意花鸟画在南宋始见端倪，至明代日趋成熟，并出现了一批以水墨写意见长的杰出画家。林良是明初写意花鸟画的代表人物。

　　林良（约1416—1480年），字以善，广东扶南堡人。明天顺年间，官拜工部营缮所丞，后得值仁智殿，任职锦衣卫指挥。据《广州通志》记载，林良"少聪警，充布政使奏役。绘翎毛有巧思。陈金假人名画，良从旁疵评，金怒欲挞之。良自陈其能，金试以临写，惊以为神。 自此腾誉缙绅"。林良初从同乡颜宗学山水，从何寅学人物，后专攻花鸟，并兼擅工、写。工笔远宗黄筌，近学边景昭（明初著名工笔花鸟画家），有极精巧的作品传世。但其水墨写意更具特色，能尽花鸟"荣枯之态，飞动之势"而令观者动色。同代文学家李梦阳有咏林良画的诗云："百余年来画禽鸟，后有吕纪前边昭。二子工似不工意，吮笔决眦分毫毛。林良写鸟只用墨，开缣半扫风云黑，水禽陆禽各臻妙，挂出满堂皆动色。"林良的花鸟画多取材于鹰、雁、山雀、仙鹤、松树、野藤、芦荻、野草等野逸之趣，用疏朗纵横之笔表现禽鸟的自然神态。

如《松鹤图》，高174厘米，宽87厘米，绢本，水墨设色，现藏广东省博物馆。画中两只丹顶鹤立于老松树下，一正仰首鸣叫，长腿挺立，气度傲岸；一用长喙梳理背上洁白的羽毛，悠然自得。全画以水墨为主，略着淡彩。画家以细劲工致之短线勾勒鹤背，用粗壮之大笔勾染鹤尾，形成墨与白、粗与细、光润与重涩三种不同的质感。鹤的长足和爪，结构分明，细而有力，尤见画家塑造禽鸟形象的功力。松与鹤画在一起，是传统绘画中最常见的一种表现吉祥寓意的方式。一般作者只注意喻比的观念，而忽略了对自然生命的刻画。此图却十分重视丹顶鹤动态与神情的表现，并精心描绘了环境和气氛。一棵粗壮的古松，从画面的右角斜穿过去，枝丫虬曲，与挺直秀丽的竹影婆娑相映；修长多姿的野芦和地上的闲花野草也正在秋风中摇曳。使人有置身其境，沐浴野逸清趣之感。

林良的现存作品有《鹰图》《双鹰图》《凤凰图》《灌木集禽图》《山茶白羽图》《柳塘游鸭图》《芦边双鹈图》《白头翁图》等。

虽然明代是写意花鸟大发展的时期，但工整艳丽的花鸟画，在16世纪前还是很盛行的。成化、弘治年间（1465—1505年）达到高峰。边文进、吕纪最有代表性。从吕纪的《雪景翎毛图》可以看到这派花鸟画的大体风貌。

《雪景翎毛图》现藏台北故宫博物院。图中白雪笼罩着大地，暮云千里，寒气逼人。在坡岸上有一株古柳，老态龙钟，弯曲的树干上垂挂着绵长而稀疏的枝条，披一身银装兀然自立。有两只斑鸠，择高枝而栖，一伙麻雀聚集在杈桠细枝间，不鸣不飞，似乎在等待着夜幕的降临。水边的野草枯芦被积雪压得东倒西歪。雪岸上，有四只羽毛丰满的野鸭。一只伸着脖子向树上张望，另三只相互偎依，分明是想借彼此的体温来抵御这雪后的严寒。纵览全图，在萧瑟荒寒的静寂中，透着淡淡的忧郁之情。

吕纪（1477—?），字廷振，号乐愚。浙江鄞县（今宁波）人。弘治年间（1488—1505年）在宫廷画院任职，能画山水、人物，以花鸟画最佳。他的花鸟画主要继承了工整秀丽的南宋院体画风，每画禽鸟都遵从一定法度，设色艳丽而又有神气。吕纪还善于将花鸟构置在苍茫深远的景色中，使画面产生广阔幽远的视觉效果。他有时也融入一些水墨写意的方法。这幅《雪景翎毛图》就采用半工半写的笔势，勾勒点染，使画面更加生动。吕纪的传世作品还有《桂菊山禽图》《双禽双雉图》《鹰雀图》《浴凫图》《秋莺芙蓉图》《雪岸双鸿图》等。

明代后期，将写意花鸟画推向新阶段的是徐渭和陈淳。画史上将他们并称"青藤白阳"。

陈淳（1483—1544年），字道复，号白阳山人，江苏吴县（今苏州）人。据画史记载，陈淳"天才秀敏，凡经学古文、词章、书法、诗、画咸臻其妙。尝游文徵明之门，徵明尝微笑曰：'吾道复举业有师耳，渠书、画自有门径，非吾徒也。'"。初学画，宗法元人，山水画曾师二米、高克恭及王蒙，深受水墨写意之影响。花鸟画则受益于沈周，质朴、清秀、隽雅。他作画用笔放收适度，喜淡墨着色，尤擅写生。王世贞在《弇（yǎn）州续稿》中说："胜国（元朝）以来，写花卉者无如我吴郡，而吴郡自沈启南后，无如陈道复、陆叔平。"这确非过誉之词，陈淳的写意花卉确实别具一格。如《山茶水仙图》，高136.1厘米，宽32.6厘米，现藏上海博物馆。一秀石倚立中间，石前有一丛姿态娟秀的水仙花，石后则是枝叶挺拔的山茶。全幅皆以水墨写成，不着色。水仙的叶子以淡墨用柔和流畅之笔勾出，水仙花亦以淡墨勾勒，但笔法不同。秀美的花朵掩映在长叶之间，宛如在春风中眺望的仙女，轻盈、绰约、楚楚动人。枝干交加的山茶则以淡墨点叶，复以重墨勾筋，茶花以白描处之，虽无颜色，却有"丛丛绿叶衬瑶华"之感。

陈淳的写意花卉对后世有较大的影响。近代大家蒲华、吴昌硕、齐白石等，都曾学习过他的画法。陈淳的传世作品尚有《葵石图》《菊花图》《松菊图》《瓶莲图》《梧桐萱石图》《花卉扇面》等。

比陈淳略晚的徐渭，更具革新精神，是开创水墨大写意花卉的杰出大家。

徐渭（1521—1593年），字文长，号天池，晚年号青藤道人，山阴（今浙江绍兴）人。出身于没落的官僚家庭，自幼聪慧过人，才思敏捷，但八次乡试未中，不能得志于功名。曾做过浙直总督（主管东南军务的官）胡宗宪的幕僚。明代中叶后，政治黑暗，在上层统治集团的权力之争中，胡宗宪失败被捕，并在狱中自杀。徐渭性格倔强，屡屡不得志，久积郁愤，面临这次打击，一度精神失常，几次自杀未遂，后因误杀妻子而入狱。出狱后已经53岁。他饱尝了人生的苦难和世态的炎凉，从此纵游大江南北，高歌狂饮，放浪形骸，将一腔愤世嫉俗的情怀寄于诗画中。晚年，他贫病交加，以卖书画为生，但仍然蔑视权贵，宁可"忍饥月下独徘徊"，也不向权贵们折腰。最后在贫困潦倒中郁郁而死。

徐渭有多方面的艺术才能，诗、书、画、文样样精通，还创作过大量诗文和剧本。中年后开始学画，晚岁愈加成熟。他的可贵之处在于能在广泛学习前人经验的基础上，不拘成法，大胆创造，发展了大写意的泼墨画法，开拓了水墨的表现领域。他一改当时盛行的含蓄、典雅的趣味，以"信手扫来非着意，是晴是雨凭人猜"的笔墨，创造了一种奇特狂放的新风格。如《墨葡萄》高116.4厘米，宽64.3厘米，现藏北京故宫博物院。画中老藤和葡萄蔓从右方斜出，错落低垂，枝叶纷披，婆娑生姿。串串葡萄晶莹欲滴。奔放淋漓的笔墨，气势逼人，使人感受到一种倔强的生命力。画的左上方题诗曰："半生落魄已成翁，独立书斋啸晚风。笔底明珠无人买，闲抛闲掷野藤中。"字势敧（qī）侧跌宕，与画面浑然一体。

徐渭开创的大写意画法，深刻影响了后代画坛，大写意画风，至今不衰。徐渭的传世作品还有《牡丹蕉石图》《青藤书屋图》《黄甲图》《杂花图卷》《谒陵图》《十贤集馔图》《墨竹图》等。

第五节
古拙奇伟的人物画

　　明代的人物画虽然不及山水画、花鸟画那么盛行，但也出现了一些有创造性的画家。如明朝晚期的丁云鹏、陈洪绶、崔子忠、曾鲸等。其中以陈洪绶的人物画最具特色。

　　陈洪绶（1598—1652 年），字章侯，号老莲，浙江诸暨人。出身于官僚家庭，自幼能诗善画。14 岁时，他的作品拿到市场上去，人们就争相购买。可见他是个早熟的画家。明亡，清兵入浙东，他不幸被俘，大义凛然，就是刀搁在脖子上，也不为清兵画一张画。后避居云门寺，一度削发为僧，表示不与清朝统治者妥协的态度。他曾画《归去来图卷》，以陶渊明不为五斗米折腰的故事，规劝老友周亮工不要做清朝的官。晚年，他在绍兴、杭州等地卖画为生。诗中常流露出亡国之恨与愤世嫉俗的思想。

　　陈洪绶的人物画，多取材于历史故事，常有借古喻今、寄托情怀的深意。他笔下的人物造型夸张，或细长，或矮胖，奇崛、怪诞，别具一种奇拔的风韵。如《屈子行吟图》是陈洪绶19岁时为萧山来钦之写的《楚辞述注》作的插图。图中江面浩渺，岸边有野草、树木、山石。伟大诗人屈原，头戴高高的切云冠，身佩陆离长剑，满怀忧愤漫步于江畔。从构图上看，人物居中，但占的面积较小。景物简洁，给画面留下了大面积空白，使人感到屈原像是在寥廓江天中徘徊的一只孤鹤。人物造型简练，略带夸张。对主人公面容的刻画，尤为传神：忧郁而孤独。准确地表现出屈原心事浩茫、忧思无尽的情怀。除人物画外，陈洪绶还善于画山水、花卉、湖石，工整秀逸，极富装饰个性。总之，陈洪绶的画风对清末画家任熊、任薰、任颐甚至现代许多画家，都产生了很大影响。他的作品有《莲石图》《雅集图卷》《归去来图卷》《女仙图》《水浒叶子》《博古叶子》《西厢记插图》等流传于世。

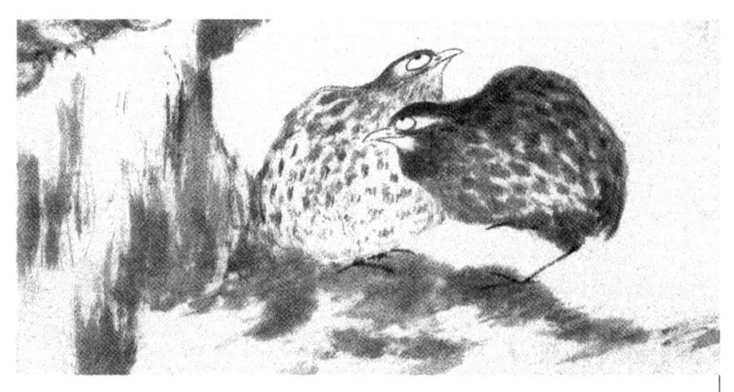

第九章

清代绘画

（1644—1911年）

17世纪初，在东北建立政权的女真人，乘明朝灭亡之机，长驱入关，并很快统一南北方，建立清帝国。清代前期，虽然也有所谓"康乾盛世"的一度辉煌，但中国已经进入封建社会晚期，至1911年的辛亥革命，最后灭亡。

明末清初，社会矛盾空前尖锐，城乡动荡不安，传统的思想意识有了松动的机会，文学艺术上的奇花异草竞相出现。陈洪绶、项圣谟、张大风、崔子忠、程邃、傅山、恽寿平、四画僧，以及"金陵八家""四王"等一大批杰出艺术家，都出现在这一时期，形成中国绘画史上奇峰突起的瑰丽景象。乾隆年间，扬州画派崛起，出现了金农、汪士慎、郑板桥、李方膺、黄慎、李鱓、高凤翰、高翔、华岩、罗聘等著名画家。他们大都兼通诗、书、画，都有些愤世嫉俗，在艺术上敢于独创。从整体趋势看，有清一代"四王"画风被尊为正统。它较多地继承和摹仿历代尤其是元代名家画法，偏重于笔墨形式的探求。这种风气影响画坛200余年。至晚清，"上海画派"的出现，使寂寞的画坛大放异彩，最著名的有赵之谦、虚谷、胡公寿、任熊、任薰、蒲华、钱慧安、任颐、吴昌硕等。海派画家与商业的联系更加密切，雅俗合一之势更加明显。部分画家还汲取了西方绘画的某些因素，迈出了近现代绘画发展的第一步。

第一节
四大画僧与金陵八家

清初画坛，存在着"摹古"和"创新"两种不同的画风。革新的一派画家，反对陈陈相因，强调不受古人成法的约束，主张另辟蹊径。最有代表性的画家是被称为"四画僧"的弘仁、髡（kūn）残、朱耷、石涛。

弘仁（1610—1664 年），本姓江，名韬，字六奇，安徽歙（shè）县人。明亡后，他曾抱着复国的希望投奔在福建称帝的唐王聿键，但唐王政权很快崩溃，他便在武夷山削发为僧，更名弘仁，字渐江，又名无智。以后便云游四方，数次登黄山，游西湖、芜湖、宣城，晚岁到庐山，几乎一生都在名山大川中度过。云烟空蒙的山光水色，不仅陶冶了他的情操，也成就了他峭拔、简洁的绘画风格。

弘仁出家后才开始学画，深受倪云林、黄公望的影响。但他是个具有创新精神的画家，学习传统并不一笔一画地单纯摹仿，而是古为今用，从对大自然的感受中，自创新意。曾有诗云："敢言天地是吾师，万壑千崖独杖藜。梦想富春居士好，并无一段入藩篱。"弘仁的山水画，清新淡雅，以简洁、秀润的笔墨变化，表现山川的伟岸，林木的生意。画黄山景色最多，也最具特色。在他的《黄山松石图》（高198.7厘米，宽81厘米，现藏上海博物馆）中，峰峦耸立，古松倒挂，生动地表现出黄山的挺拔雄奇。该画运墨精微，着色淡雅，使人如临其境，在冷峻的静寂中，生发着坚强、悲壮之感。当时，江南人以有没有弘仁的画定雅俗，就像前人重视倪云林的作品一样。可见弘仁的山水画已开创和确立了自己的风格，在美术史上被尊为"新安画派"[①]的先驱。他的作品还有《黄山天都峰图》《黄山真景册》。

髡残（1612—1692年），俗姓刘，字介丘，号石谿、石道人等，武陵（今湖南常德）人。20岁削发为僧，云游四方。后清兵南下，曾避居深山，历尽艰险。中年后，居南京牛首祖堂山幽栖寺，深修禅理，精研书画，其中，以山水画最出色。多取法王蒙、吴镇，但能结合自己对大自然的观察和感受，加以变通而另具新貌。如《苍翠凌天

---

① 清初画派名称。指弘仁、查士标、孙逸、汪之瑞等。因他们分别是安徽歙县和休宁县人，在晋唐时同属新安府治，故名新安画派。多画黄山景色，画风秀丽、简洁。

图》《苍山结茅图》《山高水长图》《溪山幽居图》等，笔法苍劲，墨气沉着，设色精湛，构图严谨，平中见奇，颇有淳厚、幽深之趣。

朱耷（1626—1705年），名中桂，号彭祖，因耳朵

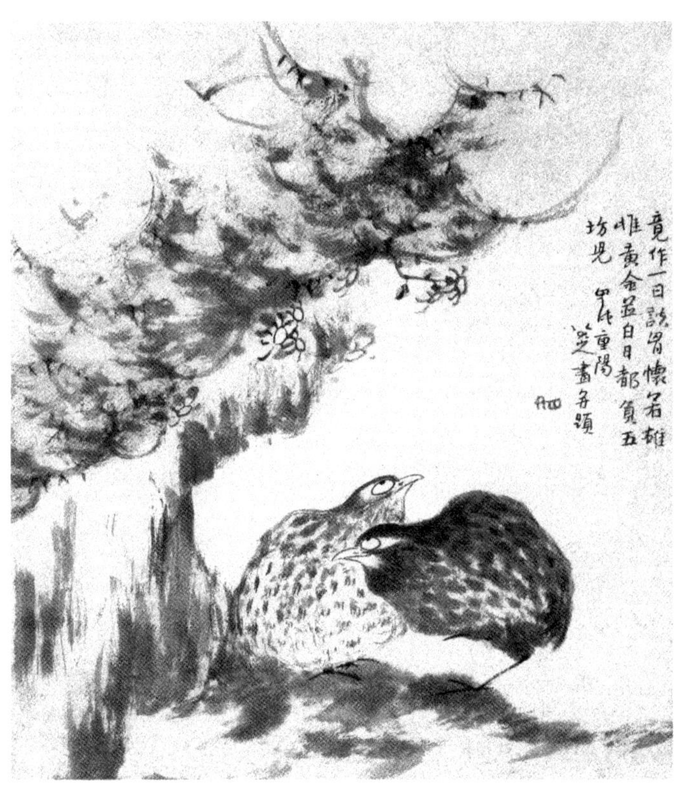

图 37　清·朱耷《鹌鹑图》

大，父母给他起了个小名叫耷子，所以又有朱耷之名。江西南昌人，是明太祖朱元璋第17个儿子朱权的九世孙。明亡后，他出家做和尚，又有很多僧名，如雪个、个山、八大山人等。中年后加入全真教当道士，又有朱道朗、良月、破云樵者等名号。朱耷的父亲和祖父都擅长书画，他自幼就对诗、书、画、印十分感兴趣。19岁明朝灭亡，清廷千方百计追杀明代朱姓宗室，这位皇族子弟东藏西躲，受尽磨难。在精神上他也受到极大刺激，曾装聋作哑，佯装疯癫。后来避居南昌附近的寺庙、道观中，过着又当和尚、道士，又做儒家文人的生活，将一腔激愤诉诸诗画，直至79岁在北兰寺结束了他那潦倒凄凉的一生。

朱耷的绘画艺术，奇特而雄健，在清初画坛别开生面，卓然而立。例如68岁时画《安晚册页》中的《鹌鹑图》，画两只鹌鹑栖于一块巨石下，一只蜷缩着身躯，仰头向远方凝视，另一只好像发现了石缝中的小虫，正抬起一只脚准备扑上去啄食。寒风抖动起它们身上的羽毛。在这霜重秋浓的时节万物萧索，只有岩石边的野菊花依然傲霜开放。鹌鹑是一种像小鸡的鸟，秃尾巴，浑身长着斑斑点点的褐色羽毛，好像是穿着带补丁衣服的穷寒之人。古人形容衣服褴褛，常说"衣若悬鹑"，再加上鹌鹑没有固定的居所，雄性又十分好斗，所以朱耷常画鹌鹑自喻，寄托他国破家亡、身世飘零的悲愤之情。在这幅画中，画家特别着意地刻画了鹌鹑的神情，有意识地夸张了鹌鹑的眼睛，眼圈画得特别大，黑而圆的眼珠，顶在眼眶上角，使人感到，虽然寒气逼人，但它们仍然昂首向天，白眼看人，冷峻而孤高。他爱用"八大山人"的僧号属款，故意将"八大"二字紧连在一起，像个草写的"哭"字，又像个草体的"笑"字；把"山人"二字连笔写成"之"字样，看起来像"哭之"或"笑之"。这也是他抒发孤愤之情的一种表现形式。此图不着色，全以水墨画成，笔墨雄劲而酣畅，笔法简洁精到，似不着意，而韵味深长。郑板桥曾以"横涂竖抹千千幅，墨点无多泪点多"的诗句，形容八大山人的作品，从此图可见其一斑。朱耷的作品，流传极多，现有《八大山人画集》《八大山人书画集》等画册出版。

石涛（1642—1707年），原姓朱，名若极，广西人，是明代皇族后裔。明亡时，他才两岁。为了躲避清朝统治者的迫害，他很小就出家做和尚，法名原济，号石涛。他别号很多，有清湘陈人、苦瓜和尚、大涤子等。作为明宗室后裔，在清朝统治下生活，他内心充满了矛盾。一方面有国破家亡之恨，另一方面，他毕竟缺乏对明代生活的清楚记忆。长大成人后，清王朝的统治已日趋巩固，"复国之思"不过梦想而已。他很佩服康熙皇帝的英明，曾在康熙南巡时写诗作画，两次到南京、扬州接驾，感叹知遇，引以为荣。他也曾在北京待过三年，后离去，便登山涉水，云游四方，饱览祖国名山大川。晚年定居扬州，专心于绘画创作，直到66岁去世。在艺术创作上，石涛才华横溢，山水、人物、花卉样样精通；粗笔、细笔无所不能，且风格多样。有的沉郁豪放，有的飘逸秀雅。石涛一生反对泥古不化，激烈地声讨摹古风，响亮地提出"搜尽奇峰打草稿""笔墨当随时代""我自用我法"等革命性主张，对后世中国画的发展产生了积极影响。

石涛一生的绘画作品很多。他的《细雨虬松图》（高102.6厘米，宽41.3厘米，现藏上海博物馆）是一幅细笔山水画。深秋时节，细雨初歇，飞瀑高悬，山溪如注。湍急的溪水，穿山谷，过小桥，渐趋平缓，到近处则微波轻荡，清澈如镜。坡岸崖头的秋树，有的叶已落尽，有的红叶点点，唯有那虬曲的古松和桥旁的山竹，傲然挺立，被小雨洗过，显得更加苍翠。远处，在茫茫的云雾中被雨后夕阳染红的山峰时隐时现，缥缈而高远。为了表现这澄明的境界，画家采取细润秀雅的线条，勾勒山石，极少皴擦，用墨轻淡，再敷以淡淡的赭石和花青色，显得明亮而润泽，恰如其分地表现出雨后秋山那种明朗秀丽、空灵恬淡的韵味。与画家大笔淋漓、奔放不羁的其他作品相比，这种格调更显得含蓄而高雅。石涛最著名的作品还有《清湘书画稿》《泼墨山水卷》《山水清音》《惠泉夜泛》《淮扬结秋》《华山胜景》《金陵怀古诗画册》等。除此以外，石涛还有一部理论巨著《苦瓜和尚画语录》流传于世。

明末清初，在南京聚居着许多画家，清人张庚著《国朝画征录》将其中的龚贤、樊圻、高岑、邹喆（zhé）、吴宏、叶欣、胡慥（zào）、谢荪八人合称为"金陵八家"[①]。成就最高的当属龚贤，他被视为"金陵八家"之首。

龚贤（1618—1689年），字半千、野遗，号柴丈人。江苏昆山人。幼时家境贫寒，青年时代寓居南京，参与过"复社"（明末一些知识分子反对黑暗政治的社团组织）活动。后清兵攻陷南京，他又投身于反清斗争，四处漂泊，几经辗转，最后又定居南京清凉山，写诗作画。在绘画创作方面，他极力反对单纯地摹仿古人，提倡宗师造化，自创一格。为了表现江南山林苍莽、郁茂的特点，在墨法上进行大胆探索，并取得了巨大成功。他的画笔法劲健，墨气灵活，构图奇特，气势雄伟，在清初画坛上独树一帜。

龚贤对南京附近的山林坡石景色十分熟悉，经常出入其中，悉心观察体验。他发现，要表现江南山川的湿润厚重特色，就必须改变流行的那种疏朗秀润的用笔。他吸取

[①]　八家所指，史学界尚有不同看法，如乾隆年间《上元县志》称陈卓、吴宏、樊圻、邹喆、蔡霖沦、李又李、武丹、高岑为金陵八家。

了宋人的积墨法，不论画树木还是山石都多用枯笔干墨，层层积染，并分出暗面与亮面，生动表现出山石厚重、树木葱郁的感觉。他虽然很少用泼墨，画面却有泼墨淋漓、苍润、深厚的效果。如《夏山过雨图》描绘夏日雨后山林景色。山脚下坡石起伏，层林密布。枝叶繁茂，郁郁苍苍。远处峰峦叠嶂，凝重浑厚，唯有林中雾岚、山间烟云回荡其间，使画面虚实相济，层层深远。在浓密深邃之中，有一缕夕阳穿过，照亮了树的枝干，衬托得雨后青山更加深沉苍翠。山石树木，湿淋淋的，好像刚刚被雨水洗过，黑压压地宛如暮色降临。观此图，仿佛有一股湿润清新之气迎面扑来，使人耳目一新。

第二节
被尊为正统的画家

　　在清代山水画中，以"四王"的势力最大，他们的画风被尊为山水画的正宗，影响画坛两个多世纪。"四王"是指山水画家王时敏、王鉴、王翚（huī）、王原祁。他们主张摹仿古人，尤其是"元四家"的作品，讲究笔墨的静气、书卷气，较少注意师造化。其中，王翚名声最大，技巧最全面，功力最深厚。

　　王翚（1632—1717 年），字石谷，号耕烟散人、乌目山人、剑门樵客，晚年号清晖主人，江苏常熟人。出身书香门第，其祖父、伯父均善画。王翚自幼受家庭影响，酷爱绘画。曾先后跟随王鉴、王时敏学画。王时敏曾带着他周游大江南北，观赏很多收藏家所藏历代名画。王翚潜心一志，细细研究，尽得各家画法。是时，画坛摹古之风盛行，王翚遂声名显赫，被人称为"画圣"。康熙三十年（1691 年），王翚奉康熙帝诏旨，与其他画家共画《南巡图》，描绘康熙从北京到江南各地巡视游历的经过事迹。

王翚主画山川楼阁、江海波涛。画成后，康熙皇帝非常满意，遂赐王翚一把题着"山水清晖"的画扇，并想给他官职。王翚没有接受，回老家去了，从此自称清晖主人。后居家20余年，潜心于绘画，至老不辍。王翚的山水画，功力深厚，笔墨纯熟，被尊为清代集传统笔墨之大成者。他早年画风趋于秀润、清丽，晚年开始重视观察自然，风格转向苍劲浑厚。他的弟子颇多，其画风影响画坛数百年之久。

王翚现存的作品很多，著名的有《南巡圣典图》《设色万里长江图》《寒林小景图》《夏麓晴云图》《夏木垂荫图》等。现藏台北故宫博物院的《溪山红树图》描绘秋天山林的景色，很有特点。山脚下溪水潺潺，微波荡漾，岸边有秋林层层，红翠相间。过小桥穿林而行，有数间茅舍迎于路边，再顺着这弯弯曲曲的山道盘旋而上，村舍错落，布于山腰。转而石高林密，苍茫中小路隐没，飞流直下。山顶上寺院佛塔断云隔雾，依稀可见。远处一峰突兀而起，气势非凡。纵览全图，犹如置身山林，令人想起"山明水净夜来霜，数树深红出浅黄"的诗情画意。此图用笔秀润，山石以淡墨干笔，皴擦点画而成，显得苍茫深厚，树木以朱红、深黄、赭赫等点染，并以浓墨、石绿色衬托，很有生气。这件精美的作品，不仅王翚视为平生佳作，还得到王时敏的盛赞。说它风格奇崛，并因"饱玩累日"而治好了他的咳嗽病，遂爱不释手，但又不忍夺人之珍爱，只好还给王翚。后来恽寿平见此画，也"惊叹欲绝"，想收藏它，但王翚"沾沾自喜，有五十城不易之状。置于案头摩挲十余日，题数语归之"。后来，此画被一个姓潘的盐商以重金购去，使恽寿平感慨万千。

在画史上，与"四王"并提的画家，还有吴历和恽寿平，被称为"四王、吴、恽"或"清六家"。吴历以山水画闻名，恽寿平则以没骨花卉称著于世，其画风清新秀丽，影响巨大。

恽寿平（1633—1690年），毗陵（今江苏武进县）人。原名格，字寿平，后以字为名，改字正叔，号南田。他小时候，正值明末清初朝代更替的动乱年代，13岁曾随其父投入福建反清起义的队伍中。1648年（15岁）兵败被俘，后辗转逃回家乡。遂发奋读书、学画，终于在诗、书、画、文方面都获得了非凡成就。他历经忧患，暂不参加科举考试，以卖画为生，从不趋炎附势。1690年，58岁的恽寿平，病死故乡，家贫办不起丧事，还是好友王翚替他料理丧葬。据说，恽寿平与王翚关系很好，最初他们都擅长山水画，常在一起游览山川，切磋画艺。后来，恽寿平觉得王翚的山水画画得太好了，说："君独步矣！吾不为第二手也。"意思是说，画山水没有人能超过你，我不做第二等画家。于是，他就专心画花鸟，深入研究北宋徐崇嗣的"没骨法"，并结合观察客观对象，创造出自己的绘画风格。恽寿平的画，色彩明丽而不俗艳，格调清新而不冷寂，深得人们的喜爱与推崇，许多人都学习他的画法。他对清代以及近现代花鸟画的发展产生了深刻的影响。他的传世作品很多，如《落花游鱼图》《五清图》《红梅山茶图》《桃花图》《梅竹图》《林居高士图》《出水芙蓉图》等。现以《出水芙蓉图》为例，看看他的绘画风格。

《出水芙蓉图》高27.5厘米，宽35.2厘米，现藏北京故宫博物院。图中左侧一柄荷花冲泥而起，临风怒放，瓣瓣鲜红，娇艳无比。在水面上，有一片半枯的荷叶，犹如一夜霜打，残破凋零。一枝落尽花瓣的莲蓬，掩映其中，这分明已经不是"接天莲叶无穷碧"的炎炎夏日，而是"草木摇落露为霜"的深秋时节了。但是，仍有一片"犹开最小钱"的新叶钻出水面，与盛开的荷花相映成趣，显示着倔强的生命力。荷花出污泥而不染，姿色婀娜，芳香怡人。因此，古人常以荷花为美丽纯洁的象征。作者又题诗曰："冲泥抽柄曲，贴水铸钱肥，西风吹不入，长护美人衣。"他不仅将这朵迎着萧萧秋风盛开的荷花比作品格高洁、资质艳丽的美人，而且赞美她不畏风刀霜剑的坚强性格，并以此来抒发画家自己的孤高情怀。

图中所有的花、叶、果实，都用色彩直接染画而成，不用先以墨线勾外轮廓，然后填色的方法，所以叫"没骨法"。它也区别于单纯以黑白水墨表现花卉的水墨写意。由于直接用色点染，一瓣之中，浓淡相映，匀称调和，生动而微妙地表现出荷花、荷叶鲜活水灵的绰约风姿，且使人感到空蒙湿润之气从纸上而生，清香阵阵，韵味无穷。

第三节
扬州八怪

江苏扬州，地处运河入江口，自隋唐以来就是东南重镇。至清康熙后期，又因盐业的发达而空前繁荣。商贾云集，漕运如梭，商业阶层迅速发展，不少新兴的巨商，贾而好儒，常不惜巨金，造园林，广邀骚人墨客酒宴歌舞、吟诗作画以附风雅。许多怀才抱艺的画家也聚集在这里各展所长并获得声名。

是时的画坛，以"四王"及其传派为正统，天下画人莫不以"娄东"（指以王翚为首的娄东画派）、"虞山"（指以王原祁为首的虞山画派）为宗。辗转抄摹，久而久之，他们的画风趋于僵化。扬州远离保守势力强大的北京，画家大多远官而近商，注重个性的张扬，追求不拘一格、生动活泼、自由自在的艺术表现。形成了以金农、汪士慎、李鱓、郑板桥、李方膺、高翔、黄慎、罗聘、边寿民、高凤翰、杨法、闵贞等为主的"扬州画派"。正统画家视他们为"狂"、为"怪"，所以又有"扬州八怪"（一般指前八位）的称谓。现将"八怪"中颇有代表性的画家金农和郑燮分别介绍如下。

金农（1687—1764年），字寿门，号冬心，浙江仁和（今杭州）人。博学多才，擅诗词，精书法。自创字形方扁，横画粗、竖画细，搭配和谐，富有金石味的隶书体，在当时很有名气。据记载，金农好游历，走遍了大江南北、名山大川，但是他不屑于做官，于康熙五十九年（1720年）到文人荟萃的扬州，结交了不少有创新精神的画家，50岁以后从事绘画创作。由于他有深厚的书法功底和很高的文学修养，所以出手不凡，自成风貌。他的绘画题材广泛，人物、佛鬼、鞍马、梅竹无所不画，而且大多诗画合一。他极力反对死摹硬搬古人的成法。在摹古、泥古习气很浓的当时社会中，他的这些富有革新精神的艺术主张和艺术创作，很不被人理解，反而被看作"怪人"。金农还常以书画借题发挥，影射时弊，发牢骚，鸣不平，因而他一生坎坷，常寄居在庵院寺庙中，除了卖画，有时不得不靠贩古董、抄佛经、画彩灯、刻砚石来维持生活，直至衰老穷困而死。

金农的传世作品较多，如现藏北京故宫博物院的《墨梅图》很能代表他的绘画风格。画中一株老梅，铜枝铁干，虬曲向上。如珠似玉的白梅花，凌寒怒放。远远望去，繁花如织，充满生气。晚风吹来，似有一股幽香飘散，不禁使人想起王安石的咏梅名句"遥知不是雪，为有暗香来"。画家在画幅的右侧题诗道："砚水生冰墨半干，画梅须画晚来寒。树无丑态香沾袖，不爱花人莫与看。"意思是说：在寒冷的冬天，我蘸着砚池中结冰的水和半干的墨，画这些在傍晚寒风中开放的梅花，它们不仅形态美丽，而且香气袭人。对那些不喜欢和不理解它的人们，我是不给看的。画家以凝重浑厚之笔画老干，以滋润流畅之笔画新枝，再以清淡秀润之笔勾圈花瓣、花蕾。风格朴素而秀雅。此外他还有《双色梅花图》、《玉壶春色图》、《采菱图》册页、《冬心先生集》、《冬心杂画题记》、《冬心斋砚铭》等作品和著作流传于世。

郑燮（1693—1765年），字克柔，号板桥，江苏兴化人，出生于没落的士大夫家庭。他三岁丧母，幼时家境贫寒，但生性聪慧，写得一手好文章。年轻时，因生活所迫，曾开蒙馆当教书先生，也曾在扬州卖画，以补家用。40岁时才考中举人，44岁考取进士，49岁起先后出任山东范县（现属河南省）、潍县知县。在任期间，他抱着"得志加泽于民"的思想，体察民情，惩恶扬善。遇饥荒年景，他为民请命，开仓放粮，深得人民的爱戴。但他的所作所为却遭到了权贵们的嫉恨，以莫须有的罪名诬告他。郑板桥目睹官场的黑暗与腐败，1753年愤然辞官，重返扬州，以卖画为生。从此，他潜心于艺术创作，将心中的种种幽怨，寄于笔端。他的诗词以民间疾苦为题材，文风质朴，通俗易懂，常带活泼诙谐之趣。他的书法，巧妙地将隶书的扁，楷书的方，行书的瘦长，熔于一炉，自创"六分半书"，亦称"板桥体"。其特色是，笔法"摇波驻节"，取黄庭坚之长笔画入八分，夸张其摆宕。单字略扁，左低右高，姿致如画，又以画入书，求书法的画意。清人蒋士铨说"板桥写字如作兰，波磔奇古形翩翩"，生动地道出了这一特质。在章法上，他能将大小、长短、方圆、肥瘦、疏密错落穿插，如乱石铺街，纵放中含着规矩。看似随意挥洒，整体观之却产生跳跃灵动的节律感。在绘画方面，郑板桥反对一味摹仿，主张学后能"自树旗帜"。即便对所崇拜的大画家，也要"学一半，撇一半，未尝全学，非不欲全，实不能全，亦不必全也"。他有一句题画诗云："十分学七要抛三，各自灵苗各自探。"意思是说，画家是各有自己的灵性根苗的，只有自探其路，才能独立于艺林。

郑板桥最喜画竹。因为，竹子不仅因枝叶碧绿、形态清秀而深得人们的喜爱，而且挺拔向上，寒暑不凋而令人联想到高尚的思想品格。因此，它一向被尊为"四君子"之一。宋代以来，文人艺术家就多画竹，并借以自喻。元、明以后，画竹名家层出不穷，郑板桥堪称画竹大家。

郑板桥的家乡温暖、湿润，多花、多竹，他20多岁起画竹，至老不倦。曾自述其爱竹之心曰："修竹数竿，石笋数尺……而风中雨中有声，日中月中有影，诗中酒中有情，闲中闷中有伴，非唯我爱竹石，即竹石亦爱我也。"为了画竹，他在自家屋南种竹，夏日尝置一小榻于竹林中，卧看新篁初放，体会绿荫下的凉适之感。秋冬之际，把竹竿截成小段，做成窗棂，再糊上白纸。风和日暖，一片片竹影映在窗纸上，宛如一幅幅天然图画。郑板桥就是靠观察和揣摩这些纸窗、粉壁、日光、月色下的竹影，再加上反复实践，不断地提炼概括，成就了他潇洒、疏朗、坚实而又飘逸的风格。例如郑板桥66岁时画的《竹石图》，图中有一瘦长的石头，兀然自立，几竿修竹傍石而生，直冲云霄，竹叶偃仰，疏密穿插，清瘦而挺拔。全幅并不着色，却使人感到枝叶青翠，一片秀色；着笔不多已生动刻画出竹子坚劲傲岸、节节不凋的风韵。此图有画家自己的题诗："四十年来画竹枝，日间挥写夜间思。冗繁削尽留清瘦，画到生时是熟时。"意思是说，我画竹已有40年，白天不断地挥笔作画，到晚上还要反复思索，怎样才能画得更好；终于悟出，要去掉繁杂不美的部分，提炼概括出最能表现竹子特性的清瘦挺拔的形态；要达到这个目的，还要反复实践，在十二分的熟练中去创造不同凡响的新风貌。这首诗用的是典型的"板桥体"，潇洒奔放，轻盈秀逸，不仅与竹石相映成趣，而且在构图上也起

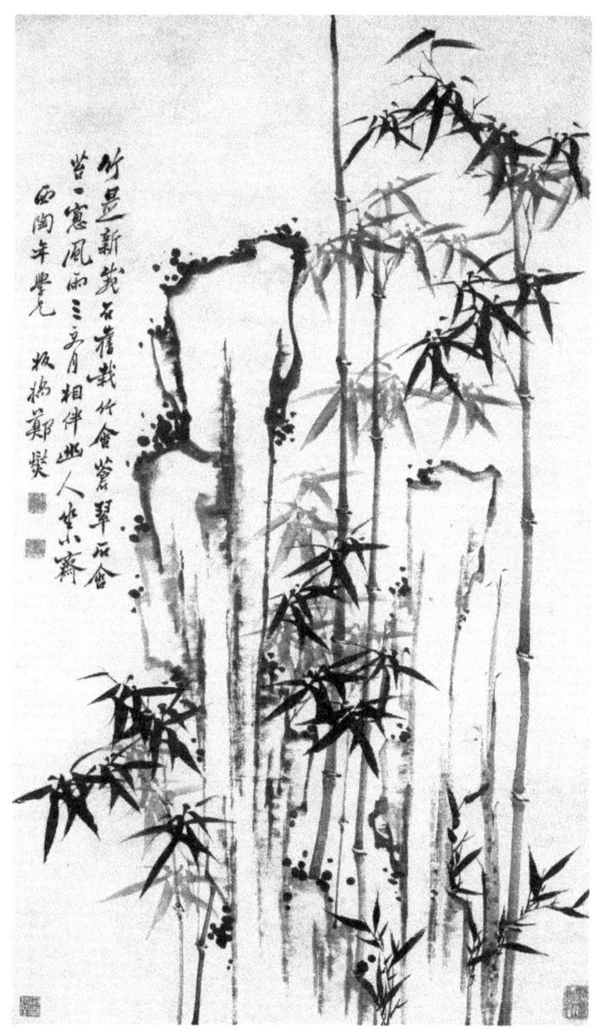

图 38　清·郑燮《竹石图》

到了平衡的作用，成为整幅画不可分割的一部分。

郑板桥的作品流传极多，各地博物馆几乎都有他的藏品。有《郑板桥全集》《郑板桥集》流传于世。

第四节

上海画派

19世纪中叶后，上海作为东南沿海的主要通商口岸，日趋繁华。商贾、官僚云集，各地画家也纷纷聚集而来，张熊、任熊、赵之谦、任薰、胡公寿、钱慧安、虚谷、蒲华、任颐、吴石仙、倪田、任预、吴昌硕等画家，都出入于上海。在美术史上，这批画家被称为"上海画派"或"海派"。他们虽然没有共同的活动纲领，绘画风格也不尽相同，但在艺术创作上，都反对陈陈相因，具有锐意进取的创新精神。他们适应新兴城市广大市民阶层的需要，赋予画面以更多感官的愉快和情绪性，创造出雅俗共赏的新风格。"海派"的出现，使急剧衰落的清末绘画又为之一振，对近百年中国画的发展产生了很大影响。其中虚谷、蒲华、任颐、吴昌硕，被近人称为"海上四杰"，是上海画派的主要代表人物。

虚谷（1823—1896年），安徽歙县人，原姓朱，名怀仁。年轻时，曾在清军中任参将，后"意有感触，遂披缁入山"。为僧后改名虚白，字虚谷，别号紫阳山民。虚谷侨居扬州、苏州，但经常到上海，与任伯年、胡公寿、吴昌硕等人交往甚密。他以卖画为生，一生清苦，从不为钱折腰。据《海上墨林》记，虚谷"来沪时流连辄数月，求画者云集，倦即行"。最后圆寂于苏州石壁寺。

虚谷的绘画作品是独树一帜的。他能画山水、花卉、蔬果、禽鱼，亦能作肖像。他较多地汲取了新安画派冷逸、喜用渴笔等用笔方法，但又自成格体。吴昌硕称赞他"一拳打破去来今"。虚谷很少用泼墨，专以笔线造型取意，捉捕气韵。如他最爱画的小动物——松鼠，多以枯毫画毛，在层层勾染或点擦中获得灵动之气。他喜用硬毫，甚至用板结的笔锋。构成画面骨架的线往往只以焦墨勾出，断断续续，时徐时疾；有时随着物象变化，或沉滞坚凝，或飞舞跳荡。笔线尽以折断、折落的方势出之。直劲、刚硬、宁折勿弯，又曲曲结结，滞涩而苍劲。虚谷作画还喜欢用色，多以淡雅、偏冷的调子取胜，较少用浓艳、热烈的色彩。偶尔也用较强烈的对比色，使画面显得新奇、隽雅而又形象动人。虚谷的书法，结体瘦长，亦喜枯笔，多涩滞，其风骨一如其画。但他不像赵之谦或吴昌硕那样平生致力于书法，并以书入画，影响画风，而是以画入书——冷隽清逸的画风影响了他的书风。

虚谷的传世作品较多，著名的有《梅花金鱼图》（现藏中国美术馆）、《松菊图》（现藏苏州博物馆）、《枇杷图》（现藏南京博物院）等。另著有《虚谷和尚诗录》传世。

蒲华（1832—1911 年），浙江嘉兴县人，原名成，字作英，号种竹道人、胥山野史。幼时家贫，曾为庙祝（庙宇中管香火的人）。刻苦自学，遂能诗、能画、能书。中年客游宁波、台州等地，晚岁寓居上海十几年，以卖画自给。据说他常短袍长褂，一身油腥，人称"蒲邋遢"。但他才气过人，又雅好古琴，每遇佳品，必收购珍藏之，自称其居室为"九琴十砚斋"。蒲华的绘画题材多样，不仅能画山水、花卉，还擅长写墨竹。用笔疏放纵逸，喜用湿笔直扫，精于墨法，气息浑厚。其画水墨淋漓，气势磅礴，情趣盎然。书法用笔如锥划沙，狂草如走龙蛇，别具一番倔强之气。据说，他曾东渡日本，其书画特为外邦人所重。蒲华的作品极多，如现藏嘉兴博物馆的《竹石图》《桐荫高士图》；现藏上海博物馆的《五色牡丹图》《荷花图》等，都是他的代表作。另外，蒲华又擅诗，其意颇豪，有诗集《芙蓉庵燹（xiǎn）余草》行于世。

任伯年（1840—1896 年），名颐，字伯年，号小楼，浙江绍兴人。父亲任鹤声（号淞云）是个善画肖像画的民间画师。任伯年自幼受父亲影响，酷爱绘画。1861 年冬，太平天国军东进，22 岁的任伯年曾在太平天国军中打过战旗，后来到上海一家扇庄当学徒，得遇名画家任熊、任薰，并随他们往苏州学画。中年起，开始在上海卖画，画名逐渐传遍大江南北。

在海派画家中，任伯年堪称是最有才华、绘画技巧最全面、影响最广泛的一位。在人物画方面，他是自清初陈洪绶以来唯一的大家；他的花鸟画，不仅以品类众多著称，而且以清新、俊丽、活泼、生动享誉画史；他作山水画不多，却也别具丘壑，气象万千，有时将山水与人物融为一体，赋予山水景色以更多的人间烟火气。任伯年还一度迷醉于制作紫砂壶。郑逸梅《小阳秋》记述说，他见邻人喜作紫砂烟斗，"忽有触发，罗致佳质紫砂，作为茗壶酒瓯，以及种种器皿，镌书茗画款于其上……"以至"画事为废，致断粮无以为炊"。此外，他还作过其父任淞云的泥塑像，"侧坐笼袖，宛然生前神采也"。这虽然是任伯年一时兴致使然，却可看出他的艺术气质和多方面的艺术才能。

任伯年的肖像画，被推为清代第一高手。他最初受教于父亲。到上海后，任伯年与上海天主教会徐家汇土山湾图书馆主任刘德斋交往密切，刘善西洋素描，对任伯年的写生素养有一定影响。传统肖像技巧加上一定程度的西方写生基础，给任伯年以坚实的造型根底。因此，他所画肖像，都结构准确，形神毕肖。最著名的肖像作品有藏北京故宫博物院的《高邕之像》、藏浙江博物馆的《寒酸尉像》等。

任伯年的人物画作，包括历史故事、仕女儿童、神话传说、古代名士、唐宋诗意及现实人物，涉猎题材之广，在历代人物画家中不多见。有些是适应求画者所需，表现吉祥如意或传统故事的，如《钟馗》《麻姑献寿》《苏武牧羊》《风尘三侠》之类；有的则是感时之作，或直接描绘现实，或借古喻今，如藏于北京故宫博物院的《三友图》，画他自己和朱锦堂、曾凤寄，身着僧衣而坐。其时正值光绪甲申（1884年），即明亡240周年，似有祭亡之意。再如，作于光绪乙酉（1885年）六月的《关河萧索》（现藏南京博物院），图中画一人一马背对观众立于山坡上，好像是在登山途中小憩。那人一手插在腰间，一手拿着赶马的竹枝扶于马背。头戴皮帽，身着皮袍，足蹬皮靴，仰首向天观望，几只大雁伸长脖子嘎嘎地鸣叫着向远方飞去。那匹肥硕的马，好像很理解主人的心思，也扭头向远方观望。在图的右上方，画家题写"关河一望萧索"。作品表现的是什么意思，在学术界有不同的看法，有的认为是表现出征之人思念故土之情的；也有人分析，这是画家有感于帝国主义入侵、国破家亡的现实，表现一种悲哀、孤寂之情的；还有人认为是历史典故。不管哪种解释，任伯年反复画这个题材，是有所寓意的。将荒凉的山道、孤寂的征人、空阔的天空、低飞的哀鸿，有机地编织在画面上，总是内含着一种苍凉、萧索之感。

任伯年的人物画，初学任薰，而任薰远师明末清初的陈洪绶。20世纪80年代以后，任伯年逐渐摆脱了陈洪绶和任薰的造型与笔法，风格趋向清秀俊逸，爽丽飘洒而多顿挫的线描往往和活泼清劲的水墨点染结合为一，加上明丽淡雅的着色，形成了他独特的个人风格。

花鸟画在任伯年的作品中占着最大的比重，影响也更广泛。他的早期花鸟画有近于陈洪绶双勾填色的一路，有略近恽南田没骨花卉的一路，亦有勾点结合的写意。20世纪70年代中期以后，融入水彩画法的小写意风格渐渐成熟并演为主流。它的基本特色是，笔法淋漓顿挫，色彩明丽颖秀，气势与韵致相参相合，活泼、清新、俊逸。在构图上，有大幅巨制，亦有抒情小品，平中见奇，跌宕多姿。他既喜用生宣，亦喜用熟性纸绢。凡用生宣，多笔法的纵横飞荡、淡墨渴锋的摇曳点斫，或者勾、泼结合的画法，放纵而酣畅。凡用绢底（或熟宣纸），则多水、多淡墨、淡彩、多没骨法和变通了的水彩法。不是晕染出而是点染出形象；留住水痕，显出透明性，淡化深远与主体效果，突出平面性和淡泊感。

任伯年的花鸟作品，还十分注意花与鸟的动势、神态以及画幅的气氛、情调，总是赋予作品生动性和情趣。如《红枫鸣雀》，刻画秋枝倒悬，稀疏的红叶与横互交错的枝丫在疾风中抖动。两只小雀寂寂地立于枝间，另有一只小雀鸣叫着急匆匆向着同伴逆风飞来，它的身下是峭壁巉（chán）岩。荒疏的秋色和奋搏的小鸟，使人顿感生命的活力。

吴昌硕（1844—1927年），原名俊，又名俊卿，字昌硕。另号缶庐、苦铁、老缶、大聋、石尊者、破荷亭长等。70岁后以字行于世。他出生在浙江省安吉县鄣吴村的一个书香门第。其祖父、父亲皆为举人。吴昌硕8岁能作骈文，10岁就磨刀刻印。咸丰十年（1860年）家遇兵乱，家业破败，流落他乡，五年方归。遂发奋读书，钻研文字学、经学，并一度问业于经学大师俞曲园。相传吴昌硕曾得俞老先生"业精于勤"四字，视如珍宝，不舍悬挂于壁，藏于箱底，后失落，友人问他："你得俞先生字，不舍得挂出来，偏放在箱底，如今失落了，你也不着急，这是为什么？"吴昌硕回答说："何必着急，我已把俞老先生的字挂在心上，不是比挂在墙上更好吗？"他22岁曾考中秀才，但绝意功名，潜心钻研金石、书法与绘画。29岁移居苏州，结识了苏州、上海许多著名收藏家和艺林名宿，同时接触了大量古代彝器和名人墨宝，艺事大进。50岁后，同乡丁兰荪怜其生活清苦，举他做了江苏安东县令。时江北多盗，苦缉捕，且性疏放，不愿曲意逢迎，莅官一月即辞去。从此鬻画上海，忍苦耐贫，曾取"寒酸尉"自嘲。其间与上海名家任伯年、蒲华、胡公寿、陆廉夫等相交往，经常在一起品评研究书画、金石，结下了深厚友谊。他以金石、书法为根基，将诗、书、画、印熔为一炉，创造了独特的画风，使他在近代画坛成为文人画的泰斗。

吴昌硕诗才敏捷，下笔不俗，如信手拈来，自然晓畅，质朴无华，诗友唱和，每每捷足先登，句出新意，令人折服。

吴昌硕的书法，早年学钟繇，中年后，楷法倾向黄山谷，行草纯任自然，晚年行书遒劲凝练，势疾而意徐，笔致如精铁盘曲。他的隶书，结构喜长体，笔法雄厚拙朴。他的篆书称绝于世，自云："余学篆好临石鼓，数十载从事于此，一日有一日之境界。"他四五十岁以前所临石鼓，循守绳墨，点画毕肖。中年以后渐渐离其形，六十岁左右便确立了自我面目，到七八十岁则达到遗貌取神的高超之境。

吴昌硕的篆刻，近学浙、皖两派，远宗秦汉印钵，博采众长，熔为一炉，自成面貌。由于他有极深厚扎实的篆法、章法的功力，因此在刻印下刀之时，能融合于心，聚力于腕指，以钝刀硬入，疾如风雷，一气呵成，后稍加修饰。笔意、刀味俱现，苍古不群，气概非凡。

吴昌硕34岁学画，在博采众长的基础上，在阔笔写意画派中开创了新天地。其绘画的最大特色，是以古拙、朴茂的篆书之笔入画，一扫轻飘浮华、纤巧、柔媚的时弊，独立于天下。他的用色也不落俗套，最喜用西洋红，所谓"莽泼胭脂"，那深红色如同墨色一般浓重，给他古厚朴茂的绘画风格增加了一种动人的活力。

吴昌硕画得最多的是梅、兰、藤、荷、桃、菊，也间作山水人物。例如上海博物馆所藏《硕桃图》，图中垂挂着一枝被果实压弯的桃枝，桃叶向背，婆娑生姿。在一簇簇浓重的墨叶之间，掩映着深红色的桃子。画幅右侧题诗曰："灼灼桃之华，赪（chēng）颜如中酒。一开三千年，结实大如斗。乙卯秋吴昌硕。"此幅当是他72岁之作。题诗和属款都成为构图的一部分，且有生发画意之妙。图左上角又写"曼倩移来"（曼倩是西汉文学家东方朔的字。传说他因偷吃了天上西王母的仙桃而长寿）四字，似乎使人觉得这些硕大无比的桃子，真是由曼倩从天上移来的三千年一结果的仙桃。单纯、简洁、浑厚、凝重，在苍郁中显示着内在的美。

吴昌硕画梅，也绝不落俗套。他常说："古人为宾我为主，笔作天葩吐，叶为剑器舞，树可不著土，石亦何须补。""食金石力，养草木心。"所以他画梅特别突出表现新枝老干之铮铮铁骨，与初开欲放之花的勃勃生机。如《墨梅图》，老干以焦墨枯笔为之，顺逆交互，枝丫纵横，苍劲之极。花以焦墨圈勾，细劲饱满，后衬以淡墨新枝和落英点点。使整幅画浑厚朴茂，似有一股苍拙之气扑面而来，别是一番情韵。

1927年11月吴昌硕病逝于上海，享年84岁。他给后人留下了大量的绘画、书法、印刻作品，有《吴昌硕画选》《吴昌硕作品集》等画册流传于世。除此以外，他的著述也很多，有《削觚（gū）庐印存》《苦铁碎金》《元盖寓庐偶存》《缶庐集》《缶庐别存》等。